北海道阿寒湖

北海道的樱花

青森県十和田瀑布

岩手県中尊寺

山形县的山与铁路

新潟县早晨的梯田

石川县兼六园

冷荞麦面

稻庭乌冬面

细说日本

北

〔日〕岩中祥史 著
丁成程 译

当代世界出版社
THE CONTEMPORARY WORLD PRESS

图书在版编目（CIP）数据

细说日本.北/（日）岩中祥史著；丁成程译. -- 北京：当代世界出版社，2017.10
ISBN 978-7-5090-1270-3

Ⅰ.①细… Ⅱ.①岩…②丁… Ⅲ.①日本—概况 Ⅳ.① K931.3

中国版本图书馆 CIP 数据核字 (2017) 第 230654 号

书名：细说日本·北
出版发行：当代世界出版社
地址：北京市复兴路4号（100860）
网址：http://www.worldpress.org.cn
编务电话：（010）83908456
发行电话：（010）83908409
　　　　　（010）83908455
　　　　　（010）83908377
　　　　　（010）83908423（邮购）
　　　　　（010）83908410（传真）
经销：全国新华书店
印刷：北京华联印刷有限公司
开本：710 毫米 × 1000 毫米　1/16
印张：19.5
字数：245 千字
版次：2018 年 1 月第 1 版
印次：2018 年 1 月第 1 次
书号：978-7-5090-1270-3
定价：45.00 元

如发现印装质量问题，请与承印厂联系调换。
版权所有，翻印必究，未经许可，不得转载！

目录

一 · 北海道　001

二 · 青森县　031

三 · 岩手县　057

四 · 秋田县　081

五 · 宫城县　107

六 · 山形县　129

七 · 福岛县　153

八 · 新潟县　179

九 · 长野县　203

十 · 富山县　227

十一 · 石川县　253

十二 · 福井县　275

作者序

本书讲述的是日本北部，包括北海道、东北地区（6个县）、北陆地区（3个县）、信越地区（2个县），合计1道11个县。这些地区的最大特点，就是冬季降雪较多。

即使地处东北地区，除南部的宫城、福岛两个县，以及太平洋侧以外，其他地方的冬季均降雪并伴有积雪。不管夏天气温如何，冬天一般都特别寒冷。

也许是这个原因，这些地区的人们几乎不太外出活动。特别是进入冬季后，大多数人会选择在温暖的室内度过。越进入山区，这个特点愈发明显。

当然，正处在城市化过程中的仙台、新泻、金沢及附近，就不会存在这种情况。三大城市均通过新干线与东京直接相连，街道、餐馆和零售店总会让人产生一种身处东京的错觉，但不可否认都缺乏辨识性。

北海道札幌，是日本北部最大的城市。虽然地广，但北海道本身历史都不足200年，城市文化尚未完全定型。

而札幌黄土地广袤，无梅雨季节，虽是日本，但是又不像日本，因此孕育出了一种与本州、四国、九州截然不同的气质。

19世纪末前，从邻接日本海的青森，到秋田、山形、新潟、富山、石川、福井各县，拥有一条构成日本群岛大动脉的路线。这里的物资输送，可堪比目前的东海道新干线、东名高速，而日本海承担了当时的日本经济主力。虽然现在感觉不到，但是过去甚为繁荣。

还有一件有趣的事，就是有的地方并没有失去旧时代感。人们应该不想忘记曾经经历过的经济繁盛记忆吧？

未与大海邻接的长野县，以其独特的文化而被人熟知。这里不仅是教育大县，县民有着日本人少有的爱辩论的特点，而且非常较真，有一种不赢不可的劲头。

一 北海道

豪爽大度,不拘小节,自由奔放。

简　介

据说，很多在北海道参加过婚礼的人，一开始都会感到困惑，因为出席婚礼的嘉宾在年龄或地位上一律要遵循当地金额同等的会费制行事，而这种习俗在北海道的任何地区都毫无二致。

类似的"北海道规矩"还有很多，究其原因，大概要追溯北海道独特的历史。今天的绝大多数北海道居民，其先辈都是在明治时代（1868年—1912年）后期从日本的东北、北陆、九州等地陆续迁移而来。登陆北海道之初，这些移民们面对的只有从未被开垦过的广袤土地，无论男女老幼，都不得不从脚下的垦荒开始一步步构筑自己的新生活。

正因为如此，尽管他们的血液中早已融入传统日本人的性格特征，但这种所谓的"岛国根性"却很快从他们身上消失得无影无踪。面对全新的生活环境，如果一味固守各自家乡的生活习惯和思维方式，很难融洽相处。由此，与北海道的地理特征截然相反，这里的人们逐渐形成了开明豁达的性格。

"没事没事""差不多就行啦"……这些挂在北海道人嘴边的口头禅，体现了他们的从容豁达。同时，他们还有许多共性，诸如不依赖他人、不受制于人的自立精神，女性外出工作天经地义的观念，敢于接受任何挑战的勇气，而这些正是作为开拓者不可或缺的品质。

今天的北海道人大多乐观向上，对未来怀有美好憧憬，这不仅是由于他们受惠于得天独厚的自然环境，更是因为他们继承了先辈们勇于开拓、积极进取的优良传统，而这一点似乎与传统的日本国民性迥然不同。

北海道的与众不同：

①年饭从新年夜开始吃。

②七五三（日本独特的节祭日，在男孩5岁、女孩3岁和7岁时举行祝贺仪式，通常在每年11月15日举行。——编译注）提前一个月，每年10月举行。

③糯米豆饭使用的原料是甜纳豆，茶碗蒸通常是用甜水煮栗子。

④冬季时，北海道人会一边在室内拼命取暖，一边大口地吃冰激凌。

北海道的地理概况和气候条件

北海道是位于日本最北端的岛屿，也是日本唯一称"道"的行政区划，岛屿面积仅次于本州岛，约占日本国土总面积的20%。如果采用更形象的描述，可以说北海道的面积比九州岛与四国岛加在一起还要大。从世界范围看，北海道的面积紧随爱尔兰岛之后，排名全球第21位。

作为行政自治体，北海道由本岛与周边的利尻岛、礼文岛、奥尻岛等岛屿组成，但是很遗憾，目前还无法纳入北方四岛。

北海道西侧是日本海，东北方向是鄂霍次克海，东南是太平洋，南边是津轻海峡，尽管四面环海，但是得益于津轻海峡海底铺设的青函隧道，北海道与本州岛之间早已有铁路相连。

从空中俯瞰，北海道主要由本岛主体的菱形部分和西南位置的半岛部分（含渡岛半岛）构成。

本岛有虾夷山系纵贯南北，连绵的群山又可细分为日高山脉、石狩山地、北见山地、夕张山地、天盐山地等，共同构成了北海道的脊梁骨，群山之间分布着富良野盆地、上川盆地、名寄盆地等。

东北部坐落着知床半岛、阿寒山和北见山，地势向着海岸方向缓慢倾斜，少有平原。与此相对，东南部却分布着十胜平原、根钏台地等一望无际的旷野平川。

本岛与半岛相连的位置，是穿过石狩湾、石狩平原和勇払平原，通向太平洋的低洼地带，这里汇集着北海道政府（道厅）所在地札幌市（人口约190万）、千岁市、苫小牧市等北海道人口较集中的城市。

渡岛半岛的西北方向是日本海，东边面向太平洋，太平洋一侧形成圆形的内浦湾（喷火湾）。渡岛半岛南端又分为东侧的龟田半岛和西侧的松前半岛，这两个半岛的前端隔津轻海峡与本州岛相望。

由于纬度高，北海道天气寒冷，尤其是北部与东部的内陆部分，每年冬季更是一排严寒肃杀之气。日本海沿岸与内陆地区属亚寒带湿润气候，太平洋沿岸则是比较温暖，冬季少雨。

日本海一侧以及内陆地区的积雪直到春季才会融化，日本海沿岸经常出现暴雪，一些市町村则地处特大暴雪区域。

太平洋沿岸地区受到千岛寒流的影响，夏季凉爽宜人，冬天也很少下雪。

北海道相关数据：

面积：83,424.31平方千米

人口：5,381,711人（截至2016年6月30日）

人口密度：64.5人/平方千米

北海道人的性格特点

滋生于天空与大地的豪迈气概

在日本47个都道府县当中，北海道既可以说是尽人皆知的存在，又似乎是个不显山不露水、朴实无华、与世无争的地方。根据一项调查显示，北海道在小学生中的认知度是全国第一。

日本各地的商场每年都要举办各种各样的展销活动，其中举办次数最多、吸引顾客最多的，还是与北海道有关的活动。

在展销会现场，来自北海道的美食、特产、名优商品充斥着各个角落，每逢周末或者高峰期，这里总是呈现出人头攒动、摩肩接踵的热闹景象。

不仅如此，越是远离北海道的地方，越是顾客云集，销售额也是节节攀升。九州鹿儿岛市的山形屋百货店每年都要举行一次"北海道特产汇展"，这个展会的单位面积销售额是全国第一。

这种情况在日本各地屡见不鲜，对于日本人而言，"北海道"就是一块号召力超强的金字招牌，那里的产品和加工品总是能激起人们旺盛的购买欲。

这样的吸引力究竟从何而来？或许是因为人们的心目中，北海道既属于日本又不属于日本。

我在名古屋上高中的时候就碰到过这样的同学，他们特别想去北海道上大学，上哪所大学都无所谓，据说现在也有很多学生抱有这种想法。

夏秋之交，我曾在东京的地铁车厢里看到一幅北海道某私立大学的招生广告，上面的每一句广告语都刺激着高中生们的神经，让人不禁对那片神奇的土地充满向往。对于这些从小生活在令人窒息的水泥丛林中的孩子们来说，北海道有着广阔的天地和芬芳的空气，这是一幅多么诱人的画卷。

成年人又何尝不是如此？前往北海道的旅游团总是人满为患，尤其夏季人气更旺。简而言之，对于生活在本州以南的人而言，北海道就是"梦幻家园"。

最主要的原因还是本州岛与北海道之间隔着津轻海峡，这条地理界限似乎也造成了人们心理上的隔阂。实际上，除了本州的部分地区以外，大多数本州人还是选择乘飞机前往北海道。过去人们都是在本州岛最北端的青森县乘坐摆渡船渡过津轻海峡，现在则可以乘坐火车穿越海底隧道前往。

2016年，北海道新干线正式开通，从东京站出发，无需换乘，四个小时即可抵达新函馆北斗站（从北斗站前往函馆需要换乘）。考虑到从东京站到羽田机场，从羽田机场到函馆机场，再从函馆机场前往函馆站所花费的时间，乘坐新干线反倒显得更便利些。

从东京前往各地时,"新干线四小时"通常是人们考虑是否选择飞机的衡量标准,考虑到换乘、值机手续、托运行李以及安检的繁琐,人们更多的是选择新干线。

尽管交通手段日新月异,但不得不承认的是,北海道还是很远。从人口统计数据看,北海道的人口迁入率和迁出率都排在全日本倒数第一,这是一个最能说明问题的实例。

另一方面,北海道似乎也少有人愿意迁居到本州以南的地区。在全国 47 个都道府县中,直接升入高中所在县大学的学生比例高达 69.7%,居全国第二(2012 年数据统计),这个数字大约是排名最后的和歌山县(11.0%)的 6.5 倍。

高中毕业生前往北海道以外地区就业的人数比例则排在第 43 位(2013 年数据统计),相当靠后。

拒绝循规蹈矩,放飞不羁的心灵

综上所述,基于地理、历史等方面的原因,北海道人养成了与本州以南的传统日本人截然不同的性格特点,也就不足为奇了。

其实,北海道人最显著的特点是不太在意周围人如何看待自己。

举例而言,近 40 年来北海道女性的吸烟率一直保持日本最高,离婚率则高居第二(过去曾长时间保持第一)。

大家都知道,东京银座高级俱乐部里的陪酒女郎很多来自北海道，而在吉原的红灯区同样可以看到许多北海道女性的身影。

当然，我绝没有指责女性或性歧视的意思。

只不过，对于普通女性来说，有些职业会让她们瞻前顾后、心存疑虑，但是北海道女性（其实男性也是如此）却不会有任何犹豫，她们通常不太去顾及旁人的目光。

另一项民调显示，在北海道人当中，认为"婚外性关系不是好事"的人所占的比例仅排在全国第44位（NHK国民意识调查）。这样的性观念，说好听点叫作自由奔放，按老话说就是没有节操。此外，抱有"人就应该结婚"观点的人数比例也仅仅排在全国第43位。

或许就是因为观念开放，许多从日本其他地方派驻北海道的单身男性白领与当地女性产生婚外情，甚至最后与原配分手的事情时有耳闻。

北海道天高地广、雄伟绮丽，置身于这样的自然环境，世俗的羁绊、名利和虚荣都显得那样微不足道。

在大多数北海道人的身上，我们看不到丝毫的岛国性格，与传统日本人相反，他们处处表现出大陆国家般的开朗与豁达。

辽阔大地上的居民心胸宽广、性情奔放，不愿受制于传统习俗和既有观念，这样的品性注定塑造出更加自由的价值观和创造性。

自立自强固然是好事，但他们有时也会表现得缺乏耐心或者过于我行我素。

其实，北海道并没有太过悠久的历史。即便当地曾经有过土著，但到明治时代，占人口绝大多数的大和民族才从日本内地迁移至此，大规模的开发活动迄今也只有短短的一百多年，这或许就是北海道人崇尚自由、不愿受束缚的最大原因。

生机勃勃的雪乡

那么，北海道人的脾气秉性到底是什么样子的呢？一言以蔽之，就是与传统日本人迥然不同的开放豁达，以及不亚于大陆国民的从容大度。

北海道根本不是一块大陆，但也绝不像一个岛国。对于日本内地的人而言，或许对如此广袤的天地感到无所适从，只有到这里实际生活一段时间，才能获得真实的感受。因此，对于不了解的人来说，北海道会给人带来一丝神秘感。

"差不多就行啦"，每当听到大大咧咧、不拘小节的北海道人这样说话的时候，我们都会不由自主地产生同样的想法。我想，这也许是因为我们下意识地对自己的锱铢必较感到羞愧的缘故吧。

日本内地的人，或多或少会受到岛国性格的影响，这就让他们对北海道人的大度抱有一丝崇拜，或者说是一种复杂的情感。

"北海道"的名称始于1869年函馆五稜郭之战结束后，由基本统一了日本全境的新政府对原有的虾夷地称谓更改而来（命名者是松浦武四郎），新政府随后设置了开拓使（负责北海道开拓工作的行政机构），全力投入岛内开发。

北海道的行政名称既不是县或府，更不是都，而是独一无二的道，这就足以表现这片土地别具一格的气质。即便实行道州制，北海道也无需更名，虽然这并不是因为人们在 150 年前就预测到了今天的变迁，但不容置疑的是，北海道是全日本最年轻的行政区域。

需要注意的是，所谓历史短暂，也只是以目前的行政区划分而言。实际上，北海道与本州以南的地区相同，早在绳文时代（约公元前 12000 年至公元前 4 世纪前后），这里就已经有人类居住。阿伊努人是北海道的土著民族，但是过去长期以来，大和民族却对阿伊努人投以歧视的目光，把他们看作是没有开化的族群。

实际参与北海道开发的，主要是普通移民、囚犯和屯田兵三类人。明治初年，北海道人口只有区区 10 万人，到了半个世纪后的大正年间，则猛增到了 250 万人。

屯田兵制度始于 1874 年颁布的《屯田兵条例》，其目的是加强北方的警戒和北海道开发。根据该条例，北海道建立了总共 37 个屯田兵村。

第一批移民大多来自青森、山形、宫城等日本东北地区，之后的移民队伍逐步扩大到南方各县，其中人数最多的当属石川县，然后是山形、宫城和鸟取，来自东北及北部地区的人仍然占据多数，而这些移民的家乡基本都是冬季大雪纷飞的地方。

然而，我们在北海道人的身上丝毫感受不到雪乡素有的消沉和压抑,尽管这里是全日本降雪天数最多的地区。或许是因为早年的移民们早已从纷繁复杂的人际关系和嫡系旁系的繁文缛节中解脱出来,心无旁骛地享受新生活带来的快乐。

在此之前,无论好恶,大家都必须遵循各自家乡的风俗习惯,行为处事不敢越雷池一步,也许是他们受够了这种循规蹈矩的生活,于是开始变得放荡不羁,三四代人以后,便形成了北海道人今天的性格。

北海道人为什么拥有超强的抗压能力?

日本人广受批评的一点是抗压能力差,而北海道人则完全颠覆了这一印象。一个最能说明问题的例子就是奥运会。

截止到 2016 年里约奥运,在过去共 31 届夏季奥运会的舞台上,夺得金牌的日本运动员中共有 9 人来自北海道,与爱知县并列全国第一,算上冬奥会则有 13 人,在 47 个都道府县中一骑绝尘。考虑到人口总数,这是一个令人惊讶的数据。

北海道人就像是居住在国外,即使出国参赛,也不会受到现场气氛的影响。相反,也许当他们第一次到日本内地时,反而有一种走出国门的错觉。

曾几何时,本州、九州或四国地区的日本人只能乘坐飞机或轮渡前往北海道,当人们从青森出发,渡过波涛汹涌的津轻海峡踏上北海道的大地时,仿佛来到了另一个国家。他们首先感到的差异就是空气,这或许是因为北海道纬度偏高,终年没有梅雨季节的缘故吧。

一年四季没有湿漉漉的雨季，恐怕也会对人的脾气秉性造成强烈的影响，实际上，北海道人大多十分豪爽，表里如一，与人交流时不太顾及他人的感受，总是一幅心直口快的样子。这一点，也与日本人固有的岛国性格截然不同。

尽管如此，他们偶尔也会表现出传统日本人的性格特点，例如害羞、不喜欢自我吹嘘等。

生生不息的开拓精神

无论飞机、火车还是轮船，往返北海道的交通都十分便捷。随着物联网的发展，即使足不出户，也能够随时品尝到北海道各种诱人的山珍海味。

这一切，都离不开当年的开拓者流血流汗的辛勤努力。当先辈们顶风冒雪来到这片神奇的土地时，或许看到的情景与想象之中大相径庭，或许缺少足够的生活物资，但是他们明白，终日抱怨也是徒劳无益，一切都要靠自己的双手去创造。

于是，北海道人进一步坚定了自主开拓的决心，掀起了一拨又一拨的生产运动和农民运动。这就不难理解，根据上述NHK调查，"希望在工作和生活中尝试新鲜事物"的人所占的比例较高，排在日本第十一位。

在同一项调查中，回答"喜欢现在居住的地方"的人最多的就是北海道，这并非单纯地以旁观者的眼光审视自己的家乡，而是体现了一种亲手开创美好家园的骄傲之情。

北海道的重要数据和知名人士

北海道在日本名列第一的几个领域

领域	数据
黄油消耗量（2009 年）（每户）	705 克
猪肉消耗量（2013 年）（每户）	23,882 克
年降雪天数（2010 年）	125.9 天
乳牛养殖户（2013 年）	7130 家
温泉数量（2014 年）	246 处
原奶产量（2008 年）	3,905,285 吨
城市公园面积（人均）（2014 年）	38.0 平方米
土豆产量（2013 年）	1,876,000 吨
洋葱产量（2013 年）	580,200 吨
胡萝卜产量（2013 年）	173,200 吨
南瓜产量（2013 年）	105,700 吨

领域	数据
嫩玉米产量（2013年）	110,100 吨
大豆产量（2013年）	61,400 吨
小麦产量（2013年）	537,000 吨
鲑鱼捕捞量（2013年）	143,483 吨
鳕鱼捕捞量（2013年）	236,333 吨
章鱼捕捞量（2013年）	16,107 吨
海带捕捞量（2013年）	78,722 吨

注：数据来源于《从各都道府县的统计及排名看县民性》，后同。

北海道出身的名人

政界：

横路孝弘（札幌市）

石田幸四郎（札幌市）

铃木宗男（足寄町）

武部勤（斜里町）

中川一郎（广尾町）

桥本圣子（安平町）

商界：

小池聪行（新日高町），公信榜创始人

中道昌喜（函馆市），中道机械·Nakamichi Leasing创始人

平塚常次郎（函馆市），Maruha Nichiro 创始人

文化界：

毛利卫（余市町），化学家、宇航员

安部公房（旭川市），作家

池泽夏树（带广市），作家

伊藤整（小樽市），作家

太田紫织（札幌市），作家

今野敏（三笠市），作家

中川李枝子（札幌市），作家

鸣海章（带广市），作家

原田康子（钏路市），作家

三浦绫子（旭川市），作家

见延典子（札幌市），作家

山中恒（小樽市），作家

渡边淳一（上砂川町），作家

今野雄二（室兰市），影评家

品田雄吉（远别町），影评家

早坂茂三（函馆市），政论家

太田庆文（羽幌町），画家

岩合光昭（钏路市），摄影师

伊福部昭（钏路市），作曲家

宫川泰（留萌市），作曲家

相原弘治（登别市），漫画家

吾妻日出夫（浦幌町），漫画家

平口广美（伊达市），漫画家

山岸凉子（上砂川町），漫画家

大和和纪（札幌市），漫画家

湖川友谦（远轻町），动画制作人

今敏（钏路市），动画导演

田正美（富良野市），动画导演

杉野昭夫（北见市），动画导演

演艺界：

北岛三郎（知内町），歌手

中原理惠（函馆市），演员

松村和子（苫小牧市），歌手

大黑摩季（札幌市），创作歌手

椎名惠（札幌市），创作歌手

堀江淳（苫小牧市），创作歌手

松山千春（足寄町），创作歌手

玉置浩二（旭川市），音乐家

矢萩涉（旭川市），音乐家

朝加真由美（北斗市），演员

大泉洋（江别市），演员

小野寺昭（带广市），演员

叶和贵子（函馆市），演员

小日向文世（三笠市），演员

坂口良子（余市町），演员

高峰秀子（函馆市），演员

长谷川初范（纹别市），演员

水谷丰（芦别市），演员

宫本信子（小樽市），演员

原千晶（带广市），演员

矢部美穗（惠庭市），演员

体育界：

北湖敏满（壮瞥町），大相扑运动员

千代富士贡（福岛町），大相扑运动员

五十岚亮太（留萌市），福冈软银鹰队队员

笠谷幸生（仁木町），跳高滑雪运动员

金野昭次（札幌市），跳高滑雪运动员

青地清二（小樽市），跳高滑雪运动员

葛西纪明（下川町），跳高滑雪运动员

原田雅彦（上川町），跳高滑雪运动员

船木和喜（余市町），跳高滑雪运动员

高梨沙罗（上川町），跳高滑雪运动员

里谷多英（札幌市），滑雪运动员

清水宏保（带广市），速度滑冰运动员

北海道特有的风味美食

石狩火锅

北海道著名美食。在锅内放入一整条鲑鱼，配以圆白菜、土豆等当地食材熬煮。据传，这道美食最早来源于渔夫料理，名称就取自传统鲑鱼渔场所在的石狩川。

牡蛎饭

由 JR 北海道根室本线（花咲线）厚岸站前的氏家候车室制作销售的车站盒饭。用煮制牡蛎的汤汁煮熟米饭，拌入鹿尾菜，再配以牡蛎、海螺肉、花蛤、香菇、蜂斗菜等食材，吃时可搭配福神酱菜和腌萝卜。在日本各地商场超市举办的"车站盒饭展销"活动上，牡蛎饭是最受欢迎的美食之一。

鱿鱼饭

函馆地区的特色饮食，将整条鱿鱼内脏清理干净，塞入大米或糯米，用牙签之类封堵鱼身上的切口，防止米粒散落，然后加入酱油汤汁蒸煮。作为一种简单而美味可口的车站盒饭，JR 函馆本线森站的鱿鱼饭可谓是大名鼎鼎。

成吉思汗烤肉

每年春天到夏秋之际，成吉思汗烤肉是北海道人经常露天享用的烧烤美食。通常使用腌制过的羊肉，也有人直接烤制鲜羊肉，烤熟后蘸汁食用。制作成吉思汗烤肉的烤锅十分别致，中间隆起，状如山包，将切好的羊肉放置在倾斜的"山腰"位置烘烤，肉汁顺势流到下面的锅沿部分，那里有事先码放的蔬菜,正好接住美味的肉汁。

猪肉盖饭

在垦荒时代，由于猪比牛更容易适应严酷的自然环境，移民们曾经大量养猪。时至今日，北海道人仍然喜食猪肉，而猪肉盖饭就是北海道人见人爱的一道美食。据说，最先制作猪肉盖饭的是位于带广的一家饭馆，他们使用猪肉做出了类似鳗鱼饭口味的盖饭，如今这道美食已经名扬日本全国。这种特有的甜咸口味不仅好吃，还能勾起人们的怀旧之情。大名鼎鼎的吉野家，也曾推出限定的"十胜猪肉饭"。

拉面

提起北海道的美食，许多人首先想到的是拉面，而且似乎已经形成了旭川酱油面、札幌味增面和函馆白汤面的固定划分。

函馆拉面

旭川拉面大多使用鱼类、贝类、猪骨和鸡骨熬制的面汤,再加入酱油和猪油调味。札幌拉面使用骨汤和味增,看上去比较清淡,有些店铺也提供酱油口味或白汤口味。函馆拉面则是清澈的白汤面,以食盐调味,清淡爽口。有些面馆还推出别具一格的咖喱汤面,据说起源于苫小牧市。

夕张蜜瓜

由于不易保存,夕张蜜瓜称得上是必须在当地品尝的高档水果,也是享誉世界的北海道特产之一。"夕张蜜瓜"是商标名称,品种称作"夕张蜜瓜王"。这种蜜瓜由罗马香甜瓜与网纹香瓜杂交培育而成,红色的果肉香甜嫩滑,水分充沛。每年的收获季节,蜜瓜都被集中运送到夕张市农业协同组合,经过严格的检验后,只有合格品才能以夕张蜜瓜的品牌上市销售。

中国游客不可错过的北海道景点

沈芳园

在札幌市北区的百合原公园内，有一片由日式庭院与代表札幌市各姐妹城市风格的庭园组成的区域，其中之一就是为印证与中国沈阳市的友好交往而建造的沈芳园。沈芳园由沈阳市命名，其中的"芳"字蕴含着万古流芳的美好寓意。

走近沈芳园，首先映入眼帘的是正门垂花门，大门两侧端坐着沈阳市赠送给札幌市的石狮子。

远香榭是园内的一处建筑，名字的寓意是沈阳的庭园远渡重洋来到日本，在异国他乡争芳吐艳。小山上坐落着别致的六角形建筑绣谊亭，象征着"编织友谊"的美好心愿。亭子是中国园林内供人小憩的场所，也是重要的装饰要素。

另一个看点是太湖奇石，这是一种受风雨侵蚀形成独特形状的石灰岩，最早在唐朝末年发现于江苏太湖的湖底，传说是由唐代大诗人白居易命名。

太湖石上镌刻着中国著名书法家徐炽手书的"滴翠"二字，意思是遍布青苔的石壁如同翡翠般光彩照人，晶莹的露珠挂满了青苔。

园内建筑采用明清样式，其中的木构件和屋顶琉璃瓦都是在中国制作完成后运送到百合原的。建筑上的匾额题字也都是沈阳市赠送的作品。

阿寒湖

2008年中国著名导演冯小刚执导的电影《非诚勿扰》在中国上映，影片后半部分以北海道为背景，JR钏纲本线北濑站、弟子屈町的屈斜路湖以及美幌町的美幌岭等纷纷登场亮相。

其中最有名的当属钏路市的旅游胜地阿寒湖，这是北海道第五大淡水湖，也是闻名遐迩的日本特别天然纪念物绿球藻的生长地。阿寒湖是北海道东部久负盛名的观光热点，再加上冯小刚电影的热映，近年来自中国的游客与日俱增。

与中国各省市结成友好城市的行政自治体

北海道——黑龙江省

1980年，中国总领事馆在札幌市正式开设。以此为契机，北海道地区与中国东北的民间交往不断扩大，尤其是农业领域的技术交流活动，一度达到前所未有的高度。1983年，胡耀邦访问北海道，进一步推动了两个地区之间的友好交往。由于拥有相似的自然条件和产业形态，在两地民间团体加强互动的基础上，北海道制定了大力促进与中国东北的黑龙江省交流合作的方针。

1984年，应中日友好协会邀请，北海道知事、道议会议长访问黑龙江，与黑龙江省达成了推进双方技术交流的共识，具体内容包括相互派遣科研与技术人员、开展共同研究、向黑龙江省派遣日语教师等，建立各领域的长期合作关系，不断增进友谊。1986年6月，双方代表在札幌市正式签署了友好协议。

札幌市——沈阳市（辽宁省）

札幌是北海道的中心城市，致力于打造"与世界相连的文化名城"（写入市民宪章），而沈阳则在东三省乃至内蒙古地区发挥着举足轻重的作用。同时，二者也都是作为交通枢纽发展起来的大都市。基于纬度相同、往来便利等原因，札幌市一直热切盼望着与沈阳结成友好城。1975年，札幌迎来了良机。

这一年，作为北海道市长会友好访问团的团长，札幌市长率团访问了沈阳市，出于对沈阳市的良好印象，进一步增强了缔结友好城市的愿望。1979年，札幌市长与乘坐"中日友好之船"到访札幌的中日友好协会会长孙平化就缔结友好城市的事宜展开协商，达成一致后，双方随即签署了相关文件，并多次派遣人员开展互访。

次年4月，中国总领事馆在札幌开馆，11月，双方正式缔结友好城市。

之后，双方开始频繁往来，除了在教育以及自来水、公路建设等基础设施领域开展技术合作外，还在电视广播、旅游、体育等领域启动了形式多样的交流合作。

函馆市——天津市

天津是与北京、上海、重庆并列的中国直辖市之一，也是中国北方最大的工商业城市。

连接函馆市与天津市的定期航班于1995年正式开通。两个城市间各领域的交往蓬勃发展,两地出现了许多"姊妹学校""姊妹医院"等。2001年10月,双方正式缔结为友好城市。

旭川市——哈尔滨市(黑龙江省)

1984年,旭川日中友好都市促进协议会代表团到访哈尔滨,以此为契机,双方开始了多个层面的友好交流,其中包括相互参加每年冬季在两个城市举行的冰雕大赛等。尽管双方就缔结友好城市的事宜展开了协商,但是根据中国方面当时的规定,一个城市不得与同一个国家的两座城市结成友好城市,因此,相关协商并未取得进展。

直到1993年,中国方面政策发生松动,同年5月,哈尔滨市副市长访问旭川市,双方再次就此话题展开互动。

1994年,市民友好团体"旭川哈尔滨友好协会"成立,有关人员随即从旭川机场包机飞往哈尔滨进行访问,缔结友好城市的条件已经完全成熟。1995年,由旭川市市长率领的友好访问团应邀来到哈尔滨参观访问,双方在冰城交换了建立友好城市关系的备忘录,并于当年11月正式签署协议。

室兰市——日照市(山东省)

1996年,来自中国对外友好合作服务中心的顾问团访问室兰市,向当地民众介绍了日照市的相关情况。

此后,双方使团开始频繁互访,包括两地中小学生绘画书法作品的交换展览、自来水、建筑工程技术交流活动在内的各领域友好交往活动蓬勃发展，2002年7月双方正式缔结友好城市。

带广市——朝阳市（辽宁省）

1985年，朝阳市代表团访问带广市，揭开了两地友好交往的序幕。朝阳市的支柱产业是农业畜牧业，这里大量种植土豆、小麦和甜菜等农作物，因此，带广市接收了大批来自朝阳市的农业学学生。

随着人员互访以及各种交流活动的增加，带广与朝阳之间的友好交往在15年的时间里方兴未艾，2000年11月双方签约成为友好城市。

夕张市——抚顺市（辽宁省）

早在1972年中日邦交正常化之前，夕张市就组织了以煤炭工人为主的市民代表团前往中国访问。据说也曾有中国人到访夕张市。两国政府于1972年发表联合声明后，人员往来变得日益频繁。

与此同时，基于对和平与友谊的向往，夕张市正在积极寻找缔结友好关系的城市，而同样以煤炭城市著称的抚顺市也在探寻合适的对象。

1980年2月，夕张市向中日友好协会会长发出公函，同年11月派遣中日友好夕张市代表团访华，正式提出了缔结友好城市的邀请。

1981 年 5 月，经中国政府批准，抚顺市启动了与夕张缔结友好城市关系的各项准备工作。

1982 年 4 月，抚顺市缔结友好城市代表团一行到访夕张，两市市长牵头举行了建立友好城市关系协定书签字仪式。

苫小牧市——秦皇岛市（河北省）

同为港口城市的苫小牧与秦皇岛，自古就有煤炭、谷物等贸易往来。带着继往开来的目的，1983 年，以政界、经济界人士组成的北海道经贸访华团前往秦皇岛港等地视察当地的产业经济情况，并提出了建立友好港口的邀请。

1985 年 5 月，随着友好港口的缔结，双方互访以及各领域交往不断加深，缔结友好城市的呼声日渐高涨。

1998 年 4 月，新成立的苫小牧驹泽大学开课伊始，即迎来了来自秦皇岛的中国留学生。同年 7 月，沈阳与新千岁机场间开通直飞航班，进一步促进了两地交流和人员往来。同年 9 月，作为苫小牧市建市 50 周年庆典活动的一个环节，双方举行了缔结友好城市关系的签字仪式。

赤平市——汨罗市（湖南省）

两市交往的开端，源自民间团体"北海道赤平日中友好牵手会"实施的归国日侨援助活动。该活动曾邀请时任湖南省岳阳市市长一行访问赤平，在听取了汨罗市的情况介绍后，该协会开始与汨罗市展开交流。

1989年，赤平民间友好代表团首访汨罗，此后十余年间，两地民间层面的友好交往活动从未中断。根据这一情况，两地政府决定缔结友好城市关系，并于1999年9月正式签署协议。

千岁市——长春市（吉林省）

在长达二十多年的时间里，千岁市的民间团体一直致力于接收来自长春的学生，并派遣各种各样的代表团访问长春市。另一方面，长春市也频繁派出政府代表团或商贸代表团访问千岁市，积极推动双方在各领域的交流合作。

基于双方长期的友好往来，加之两地民众的强烈愿望，双方政府部门随即行动起来。在长春市政府的提议下，两市于2004年10月正式建立了友好城市关系。

登别市——广州市（广东省）

2000年3月，广州市举行旅游观光推广活动，成为登别市与广州市开展友好交流的开端。随后，双方围绕旅游主题的交流不断深化，并迅速扩大到其他领域。2002年5月，广州市与登别市签订了促进友好交流城市备忘录。

伊达市——漳州市（福建省）

2007年4月，包括漳州市在内的福建省外事办公室代表团访问了伊达市，并向当地表达了希望积极推进友好城市关系的愿望，为此伊达市于2008年递交了与漳州市结成友好城市的意向书。

2009年4月,漳州市副市长率团访问伊达市,与伊达市长探讨了结好事宜。10月,中国政府批准了漳州市与伊达市建立友好城市关系的申请。

2010年4月,两市市长签署并交换友好城市关系议定书,双方正式结为友城。

石狩市——彭州市(四川省)

石狩市与彭州市的合作交流可以追溯到1984年,当时两地的行政级别还是石狩町(1996年改为市)和彭县(1993年改为市),当四川省农牧局向北海道中国研究会提出接收农业研修生的请求后,该研究会随即委托石狩町负责接收工作。

接到委托后,石狩町在相关团体的协助下,开始为中国研修生提供农林业经营及技术方面的培训。类似的交往逐步发展到政府级别的人员互访,以及相互参加对方举办的各类活动等。2000年10月,双方缔结友好城市关系。

二 青森县

执着,坚韧,典型的东北性情。

简　介

　　青森县出身的三浦雄一郎以 80 岁高龄成功登顶珠峰，这样的壮举让许多人领会到了青森人执着与坚韧的性格，其中的坚持和忍耐需要的是常人难以想象的挑战精神。而令人惊讶的是，这种挑战精神的源头竟然可以追溯到京都。

　　据说，津轻地区的方言中保留着大量平安时代（794 年—1185 年）的古日语，从镰仓时代（1185 年—1333 年）起，位于津轻半岛西北部的十三湖逐渐发展为当地与上方（主要指京都、大阪等关西地区——编译注）之间的贸易基地，迁居到这里的京都商人使用的语言流传至今。不仅是语言，他们强烈的好奇心与挑战欲似乎也传承给了今天的青森人。

　　青森人一向与时俱进，善于捕捉社会动向和时代变化的气息，正因为如此，这里走出了太宰治、石坂洋次郎、三浦哲郎、寺山修司等走在所属时代最前沿的著名作家或诗人。尽管在产业基础和经济活动方面乏善可陈，但是在提升人类精神层次的文化艺术领域，青森人有着更高的追求。

有句谚语"一天一苹果，医生远离我"，可是青森作为日本最大的苹果产地，青森人的平均寿命却并不长。有人说，这才是青森县最大的烦恼。好吧，为了发扬先辈的光荣传统，或许让青森人重新发起挑战的时刻已经到来。

青森县的与众不同：

①弘前公园内生长着日本最古老、树龄高达134年的染井吉野（吉野樱）。

②碳酸饮料、果汁蔬菜汁、咖啡饮料的消费金额，位居日本第一。

③青森大蒜产量占日本全国产量的三分之二。

青森县的地理概况和气候条件

青森县地处日本东北地区和本州岛最北端,从地图上看,正好居于岩手县和秋田县的上方。北侧隔津轻海峡与北海道相望,东西两侧分别是太平洋和日本海,古时称陆奥国。

青森县人口大约130万,其中半数以上集中在县厅所在地青森市、八户市和弘前市三地。

包括世界遗产白神山地、十和田湖、八甲田山、岩木山、下北半岛的佛浦在内,青森县拥有众多的风景名胜。

县域中部有奥羽山脉纵贯南北,其西侧的津轻地区和东侧的南部地区(三八、上北、下北)不仅拥有独特的历史,而且气候迥异,民俗文化也各不相同。

青森是日本著名的农业大县之一,以卡路里计算的食品自给率达到118%,苹果、山芋和大蒜产量雄踞日本第一。这里渔业发达,拥有在日本捕鱼量名列前茅的八户港,青花鱼和鱿鱼产量全国居首。

南部坐落着八户临海工业园区,拥有火电站、造纸厂、电气设备工厂、造船厂以及各类关联企业。

下北半岛的陆奥小川原湖周边分布着核能相关设施，其中包括核燃料再循环设施、国际原子能机构的ITER（国际热核聚变实验堆）相关设施以及核电站等。同时，这里还坐落着日本最大规模的风电场。

在交通方面，如果你乘坐东北新干线从东京站出发，最快只需2小时59分钟即可抵达新青森站。如需前往北海道，可以继续搭乘穿越青函隧道的北海道新干线。公路干道有东北高速纵线，青森港和八户港都开通了连接北海道的车辆渡船。此外，八户港还建成了连接世界各地的国际集装箱航线。

青森县冬季寒冷多雪，全境都是日本指定的暴雪地区，其中还包括一部分特大暴雪区域，而作为县厅的青森市，则是全日本唯一被指定为特大暴雪区域的都道府县政府所在地。

南部属大陆性气候，冬季尤为寒冷。北部则是海洋性气候，较南部稍显温暖。

以日本海沿海地区较高的维度而言，气候还算温暖，但是这里的日照时间极短。夏季则稍显阴凉。

青森县相关数据：

面积：9,645.59平方千米

人口：1,296,650人（截至2016年6月1日）

人口密度：134人/平方千米

相邻都道府县：北海道、岩手县、秋田县

青森县人的性格特点

强制建立的"县"

提起青森人的性格,许多人就会立刻想到"固执""倔强"等词。或许正是日本北方严酷的生存环境,造就了青森人这种顽强、执着的品性。

的确,从淡谷Noriko、寺山修司、栋方志功、第一代若乃花等名人身上,我们就可以感受到青森人鲜明的性格特征。

在日本相扑界,迄今已有六位青森出身的横纲(镜里,第一代第二代若乃花,枥之海,隆之里,旭富士),如果没有坚韧、顽强的品质与超凡的忍耐力,根本不可能在竞争激烈的相扑舞台上取得这般叱咤风云的成就。

实际上,根据NHK国民意识调查,青森人中"确实感到过自然环境与气候的恶劣"的人所占的比例,在日本全国47个都道府县中排名最高,且远远超过排在第二位的秋田县。

话说回来,在青森县范围内,更多地表现出固执与倔强性格的地方,也只有津轻地区。

尽管今天的青森县已成为一个整体行政区划,但是实际上,过去这里曾长期分为东部的旧南部藩与西部的旧津轻藩两个"藩国",而这两个藩国的国民性则存在着天壤之别。

南部人向来寡言少语、沉稳内敛、温文尔雅,与此相对,津轻地区的人大多性格外向、张扬而善于自我表达。津轻人能够对周边状况做出灵活的应对,南部人则不善此道。因此,如果你碰巧与这两个地区的人有过交往,恐怕压根儿不会认为他们来自同一个县。

明治维新(1868年)后,根据日本政府废藩置县的政策,原本五个独立的藩国被强制撮合到一起,成立了青森县,而部分南部地区则被划入岩手县,因此,有些人认为南部人的性格倒是更类似于岩手人。

直到16世纪末,以弘前为中心的津轻地区仍处于"殖民地"状态,实权则掌握在南部藩委派的郡代(幕府直辖领地中掌管民政大权的官职——编译注)手中。

然而,身为郡代辅佐的大浦为信却利用南部氏内乱的机会图谋独立,杀掉南部藩宗家当主南部信直的父亲高信,夺取了西半部土地,并以津轻氏之名,于1590年获得丰臣秀吉赐封的津轻四万五千石安堵。

津轻(大浦)为信不仅夺走了大片土地,还得到了当时不可一世的丰臣秀吉授予的朱印状,此举引起了南部人代代相传的憎恶与仇恨,也正是从那时起,南部人渐渐培养起了强烈的乡土意识。

基于上述历史原因，长期以来，南部人对津轻人始终抱有一种难以名状的厌恶感，甚至在长达260多年的江户时代（1603年—1867年），津轻的藩主定期前往江户拜谒时，从未被允许从南部藩境内通过。

时至今日，作为与津轻藩一同编入青森县的南部人，仍然对同为青森县民（县民：各县的传统居民和常住居民——编译者）的事实意识淡薄，对于青森话（实际上是津轻方言）也没有过多的留恋。

青森南部的人们还有一个显著特点，那就是对世间万物大多抱有宽容的态度，任凭风浪起，万事皆从容，因此，很难对外界做出随机应变的反应（也许这就是领地被夺走的原因）。

1903年，在岩手县出身的时任原敬首相提议下，众多原南部藩臣共同编纂了藩史《南部史要》，其中就有这样的描述："自此之后，南部的男女老幼都开始仇视津轻，双方断绝往来，一直持续到明治维新。"即便到了今天，历史的影响依旧没有彻底消除。

县厅所在地是各方妥协的产物

今天的青森县由1871年7月废藩置县时产生的弘前县（弘前藩）、黑石县（黑石藩）、斗南县（斗南藩）、七户县（七户藩）和八户县（八户藩）组成，然而，其中的旧七户藩与旧八户藩曾隶属于南部藩，并作为旧幕府军（奥羽越列藩同盟）的一员，在此前三年的戊辰战争中与维新政府对抗到最后一刻。

作为惩戒措施，维新政府将部分南部藩分割，并将其编入新政府军，与最受器重的旧弘前藩结合在一起。

同年9月4日，上述五县又与津轻海峡对面的北海道渡岛半岛上的馆县（馆藩）合并，诞生了新的弘前县，县厅设置在弘前。从文化水平而言，曾作为津轻藩政厅的弘前无疑最具竞争力，这样的决定并无不妥。

然而，仅仅过了19天，县厅就被迁移到青森，连县名也被改为青森县。之所以选择青森，据说正是南部与津轻争执不下的结果。随着县境面积的增加，弘前的地理位置变得过于偏向一隅，尽管如此，也绝不能选择曾经激烈抵抗新政府的南部八户。于是，位于津轻与南部交界处而略微偏向津轻一侧的青森脱颖而出。

青森历史上是一处小渔港，江户时代逐步发展成津轻藩最大的港口城市，完全有资格成为县厅所在地。最后的结果是，县厅和县名同时改为青森，而"津轻"的称谓随即变成了旧时代的象征性符号。

不难推测，津轻人，尤其是居住在弘前的人，一定对这样的决定感到强烈不满，至少在他们心中，弘前才是在政治、经济、文化方面最发达的地方。这里有古城，还有藩校（稽古馆），也就是现在的私立东奥义塾高中。

实际上，就在县厅设置在青森市之后，政府还在弘前开设了旧制高等学校（弘前高中），又将第八师团部署在这里，出现了著名作家太宰治、佐藤红绿、石坂洋次郎、三浦哲郎、长部日出雄等文化名人，类似的例子不胜枚举。

时光荏苒，经历了145年的发展，随着北海道新干线的开通，青森不仅成为了日本北方海陆空交通的枢纽，在政治、经济、文化领域也都成长为名副其实的县厅城市。对比今天的青森站（青森港）与弘前站周边景象，自然会得出青森才是县中心城市的印象（东北新干线"新青森站"与普通铁路线青森站相距四公里左右）。

即便如此，人们谈到青森的时候，往往还是觉得"津轻"的字眼更具亲切感。可以说，提起青森县，很少有人会联想到八户、三泽等地处旧南部的城市。

的确，无论是立佞武多夏季灯节、弘前城的樱花、津轻平原的苹果树还是岩木山，津轻在旅游资源方面占据着绝对优势。

八户"耙子舞"是一种历史悠久、内容精彩的民间表演，但是即便在东北新干线贯通的今天，也几乎不为日本人所知。

与此形成鲜明对比的是，直到不久前还默默无闻的五所川原市的"立佞武多"灯节，今天已成为闻名遐迩的节日狂欢。据说每逢活动之日，弘前的大街小巷都是摩肩接踵、人头攒动。津轻人大多思维活跃、能言善辩，他们的宣传炒作能力不容小觑。

NEBUTA 与 NEPUTA 的热闹对决

说起青森，应该会有很多人想到 NEBUTA（NEBUTA 节：8月2日—7日——编译注）与 NEPUTA 吧。

对于外县的人来说，一般不会详细区分 NEBUTA 与 NEPUTA，但严格来讲，NEBUTA 是青森市的节日活动，

NEPUTA 是津轻的夏日活动。

早在 60 年前，当地人就开始将这两个节日区分开来。就像最早涉及的五所川原的"立佞武多"，青森县目前在其他地区也有一些冠名为 NEBUTA 和 NEPUTA 的节日，而青森县与弘前市的规模、知名度最大。

"NEPUTA"起源于津轻藩主津轻(大浦)为信进入京都时，正直孟兰盆节时期，因此开始制作大灯笼，让家臣在京都的大马路上游行。

传说为信让做的灯笼与祇园 GION 节日的花车相似。可能为信是想向秀吉表达自己的忠心吧。该灯笼的矩阵颇受好评，在国本的弘前也开始举办这样的活动了。

此后不久，在南部藩也开始举办和津轻 NEPUTA 相似的花车节日。但是对于领地被夺走一半，心怀不满的南方人来说，模仿津轻的节日大概会觉得丢脸吧？这种情绪在举办活动的近 300 多年里仍未消散。

1980 年 NEBUTA 与 NEPUTA 同时被列为非物质文化遗产。

NEBUTA 与 NEPUTA 不仅仅是名称不同，青森的 NEBUTA 在京都展示灯笼矩阵时，一直在台的周围绘有贵族代表近卫家族应允的牡丹徽章。而弘前的 NEPUTA 灯笼源于为信的小名"扇"，因为灯笼形似扇形，同时扇子也是越来越好的象征。

对南方人来说，一直觉得津轻人是可耻的"小偷"。大概这就是他们无论如何都无法接受佩戴比京都贵族应允的徽章等级较低的藩主名字吧。

自江户时期至昭和时期（1926年—1989年），弘前举办NEPUTA对战，就是NEPUTA人之间相互碰撞，寓意是安慰逝者灵魂、净化自身。但对于南部的人来说，这应该是怪异荒唐的行为吧。

通过色彩斑斓的花车、美观的景致，我们可以感到青森的NEBUTA颇为庄重。体会融入到节日中的心情，或许是打开温柔害羞的南方人心灵的一大契机。

青森人貌似寡言少语，实则相当健谈

顽固倔强是津轻人与生俱来的秉性，只不过他们总是以执拗的心态坚守纯粹的情感，这就不免产生各种各样的摩擦。况且，青森人从未想过改变自己的性格，这就让他们的为人处世平添了许多烦恼。

出生于津轻金木町（平成大合并后的五所川原市）的太宰治曾在《津轻》中写道："弘前人确实有一股傻拧的脾气，即便输得再惨，也总是保持着孤傲的态度，绝不会向强者低头，这样的脾气秉性往往成为世间的笑柄。"

要说这样的津轻人代表了全体青森人的品性，一定会惹得南部人不高兴。然而实际上，青森人中"与陌生人打交道时感到拘谨"的比例也在日国排名第一（NHK国民意识调查），究其原因，或许是因为他们对自己使用的语言抱有一种自卑心理。

津轻方言与萨摩（鹿儿岛县）方言一样，都和标准日语存在着极大的差异，如果听到两个熟悉的津轻人正在用较快的语速交谈，你会怀疑他们说的究竟是不是日语，甚至压根儿就别想听懂他们交谈的内容。

想必津轻人也知道这一点，所以在面对初次相识的人时，他们总是表现得少言寡语，给人留下腼腆或不够热情的印象。

然而，由于津轻人本性乐观开朗，一旦开始交流，无需多长时间，他们的拘谨就会消失，如果有酒，情况更是完全不同，许多津轻人往往会在酒桌上得意忘形。另外，津轻人喜欢议论他人，酒过三巡，酒桌上的气氛通常都会进入高潮。

只不过，出于与生俱来的认真和诚恳，他们大多不太懂得如何维持一般性的交往，原本是逢场作戏，最终往往会动了真情，这或许也是青森人离婚率居高不下的原因之一吧。

青森人生病时习惯于硬抗，许多人等到就医的时候已经无药可救，因此，青森的男女平均寿命都在日本垫底（2011年数据统计），这恐怕也与他们固执的性格不无关系。

对家乡感情最深的东北人

如前所述，针对NHK国民意识调查，青森人中回答"确实感到过自然环境与气候的恶劣"的人所占的比例在日本全国高居榜首，尽管如此，还是有许多津轻人表示"喜欢青森""作为青森人感到自豪"。遇到不顺心的事情，其他日本东北地区的人往往选择默默接受，但是无论是否管用，青森人总是要清晰地表明自己的态度，这一点也是青森人的显著特征。

一般而言，面向日本海的地区自然环境严酷，生活在这里的人们大多沉默寡言，不善于表达自己的主张。然而津轻地区的人却与此截然相反，他们大多活力十足，喜欢张扬，话多且嗓门洪亮。正是因为这种善于展示和宣扬的性格，不知从何时开始，津轻地区的特点仿佛就变成了青森县整体形象的代表。

提起东北人，人们往往抱有沉静、内敛的印象，但是自视开朗豁达的青森人却非常不愿意被一刀切地划入"东北人"的范围。别忘了，他们可是全凭自身的力量取得过藩国的独立，这样的自信并非没有道理。或许只有自豪的青森人有资格对外人说，我们东北有很多敢说敢做的人，再不能用老眼光来看待东北啦。

能够对周围状况做出冷静的判断，然后做到随机应变、顺势而为，同时却不太懂得为人处世的方法，这种看似矛盾的情形，或许正是因为青森人强烈的自尊心在作祟。

话虽如此，我们在青森人身上却也看不到凛然的气概或是正义担当，他们不会投身政界扮演领头羊的角色，甚至不愿让自己置身于任何逆境当中。最好的证明，就是青森没有出过日本首相，也几乎没有出过在政府中担任要职的政治家。

青森县的重要数据和知名人士

青森县在日本名列第一的几个领域

领域	数据
苹果消费量（2010年）（每户）	35,877克
水产类消费量（2014年）（每户）	61,938克
碳酸饮料消费量（2009年）（每户）	4,348日元
方便面消费量（2014年）（每户）	8,779克
年鱿鱼捕获量（2013年）	46,541吨
现役相扑大师出生地（2013年）	9人
年降雪量（2011年）	669厘米

青森县出身的名人

政界：

　　大岛理森（八户市）

津岛恭一（五所川原市）

商界：

大里洋吉（青森市），Amuse 创始人

田村胜夫（弘前市），Simul 出版会创始人

文化界：

栋方志功（青森市），版画家

沢田教一（青森市），摄影师

葛西善藏（弘前市），作家

石坂洋次郎（弘前市），作家

太宰治（五所川原市），作家

高木彬光（青森市），作家

三浦哲郎（八户市），作家

寺山修司（三沢市），剧作家

长部日出雄（弘前市），作家

室井佑月（八户市），作家

川口淳一郎（弘前市），宇宙工学博士

川岛雄三（MUTSU 市），电影导演

三浦德子（弘前市），作词家

TOMISAWA 千夏（深浦町），漫画家

森本千绘（三沢市），插画家

坂田纯一（十和田市），动画导演

早川启二（MUTSU 市），动画导演

演艺界：

新山千春（青森市），演员

古坂大魔王（青森市），演员

细川 HUMIE（MUTSU 市），演员

松山 KENICHI（MUTSU 市），演员

吹越满（东北町），演员

吉几三（五所川原市），歌手

矢野显子（青森市），创作歌手

泉谷 SHIGERU（青森市），创作歌手

三上宽（中泊町），创作歌手

小比类卷 Kohhy（三泽市），音乐家

伊奈元伸（弘前市），演员

舞海秀平（鲹泽町），演员

体育界：

镜里喜代治（三户町），大相扑运动员

初代若乃花干士（弘前市），大相扑运动员

栃ノ海晃嘉（田舍馆村），大相扑运动员

第二代若乃花干士（大鳄町），大相扑运动员

隆里俊英（青森市），大相扑运动员

旭富士正也（TSUGARU 市），大相扑运动员

高见盛精彦（板柳町），大相扑

安美锦龙儿（深浦町），大相扑

齐藤仁（青森市），柔道运动员（洛杉矶奥运会、汉城奥运会金牌得主）

伊调查千春（八户市），摔跤运动员（雅典奥运会、北京奥运会银牌得主）

伊调馨（八户市），摔跤运动员（雅典奥运会、北京奥运会、伦敦奥运会、里约热内卢奥运会金牌得主）

手仓森诚（五户町），足球U-23日本队主教练

柴崎岳（野边地町），鹿岛鹿角队队员

栉引政敏（青森市），鹿岛鹿角队队员

LEOPARD玉熊（青森市），原WBA世界轻量级冠军

细川亨（平内町），福冈软银鹰队队员

工藤隆人（黑石市），中日龙队队员

大坂谷启生（TSUGARU市），东北乐天金鹰队队员

外崎修汰（弘前市），埼玉西武狮队队员

小林大诚（平川市），读卖巨人队队员

齐藤诚哉（弘前市），福冈软银鹰队队员

藤田航生（弘前市），埼玉西武狮队队员

三浦雄一郎（青森市），滑雪运动员

福士加代子（板柳町），长跑运动员

青森县特有的风味美食

草莓煮

草莓煮并不是拿草莓来煮着吃,而是用八户捕捞的海胆和鲍鱼煮成的一道汤菜。之所以取了这样一个名字,是因为海胆黄颜色红艳,看上去如同野生的草莓一般。在八户市及其周边的太平洋沿岸地区,这是家家户户最常见的一道美食。

其制作方法是:将海胆与鲍鱼切成薄片,加汤汁熬煮,再加入少许食盐和酱油,出锅后撒上紫苏叶丝即可。虽然做法简单,但材料高级,算得上是一道奢侈的地方传统美食。

大间金枪鱼

大间町地处下北半岛北端,自明治时代至今,这里的人们一直热衷于黑金枪鱼的垂钓活动。受洄游的影响,大间海湾的黑金枪鱼肉质紧密,鲜美可口的程度远超其他地方的金枪鱼,因此,"日本最美味的大间金枪鱼"已成为当地的一张名片。

当然，要想尝鲜，最好的方式就是生食。无论是豪华的金枪鱼盖饭还是寿司，都能让我们品尝到腹肉、背肉和红肉的不同风味，堪称一绝。

蚬贝酱汤

古时称作"十三凑"的贸易港所在的十三湖，由岩木川的水流遇沙洲阻挡而形成，是一个周长约30公里、水深3米的微咸湖，这里的特产是日本蚬贝。一年之中，最美味的蚬贝当属七八月间的夏蚬和一二月间的冬蚬。

蚬贝酱汤是一道历史悠久的家常菜，如今已成为中泊町周边地区著名的乡土料理。其做法是：加入食盐提鲜，再用少许味增去除腥味，就是这样一碗制作简单的酱汤，却拥有无可比拟的鲜美口感。

米饼汤

2012年，青森的米饼汤在第七届"日本B-1大赛"（旨在通过各地美食带动地区经济的活动）上一举夺冠。

米饼汤是一种以八户市为中心的青森南部地区乡土料理，其制作方法是：用海带、鸡肉、猪肉熬汤，然后放入牛蒡、蘑菇、大葱等食材，再用酱油（也可使用味增或食盐）调味，最后加入南部米饼熬制而成。

从名字就可以看出，这是一种加入了米饼的汤菜，只不过这里使用的米饼是专为制作米饼汤烤制而成的。包含汤汁的米饼口感极佳，好似筋道的疙瘩汤。

米饼汤算得上是日本南方版的疙瘩汤，据说这种做法的出现正是源自于人们用易于保存的米饼代替面疙瘩使用。

脆萝卜干儿

全县中小学校的食堂都会供应这种腌制的脆萝卜干儿，其主要材料就是秋冬季收获的白萝卜经切丝晾干后腌制而成。这种腌菜的制作省时省力，是最受当地家庭主妇喜爱的菜品之一，也是极佳的下酒菜，香脆可口，让人百吃不厌。

中国游客不可错过的青森景点

徐福故里公园

中泊町的国道服务区内不仅坐落着海产品市场和农业市场,还有一处远近闻名的徐福故里公园,高大雄伟的徐福雕像就矗立在这里。

津轻半岛的西侧有一片稍稍突入日本海的小泊岬角,据传,附近的下前周边就是日本流传徐福传说的最北之地。

传说,大约2200年前,完成统一大业的秦始皇为求长生不老,命令徐福乘船出海寻找仙药,他借助对马海流北上日本海,看到作为航海标志的"神岬权现崎",便认定这就是长有仙草的蓬莱山,于是命令在下前海岸登陆,上岸后采集了作为仙药的荠葱,还向当地村民传授了草药和捕鱼技巧。

三内丸山遗址

三内丸山遗址是一个坐落在接近青森市中心的大规模史前

村落遗址，属绳文时代早期到中期。

该遗址的存在，此前不甚明了，1992年有关方面在开展棒球场施工的前期调查时探明了真相。2000年这里被指定为日本特别历史遗迹。

这里的出土文物中包括平底圆筒形粗陶器和珏形耳饰等，据推测，可能与公元前6200年前后在中国东北兴起的古代文明之一——辽河文明存在一定的关联。

青森县三内丸山遗址

与中国各省市结成友好城市的行政自治体

青森县——大连市（辽宁省）

大连市地处中国东北地区的辽东半岛最南端，工业、IT业、农业、渔业发达，人口600万左右，是与日本关系友好的中国大城市之一。由于众多日资企业很早就入驻大连，青森县与大连的经济交往也随之不断加深。2004年12月，青森县知事访问大连，双方签署了青森县-大连市友好经济交流委员会协议，并缔结友好城市关系。

青森市——大连市（辽宁省）

2004年5月，总部设在青森市的东奥日报社与大连日报社签署友好报社协定，在此举的带动下，青森市与大连市于同年12月签署经济文化交流委员会协定，开始大力推进双方的友好交往。除了政府人士互访以外，两地间的民间交流也日益加深。

八户市——兰州市（甘肃省）

1983年，第四次八户市各界友好代表团到访兰州，双方随即展开了各领域交流活动。其中，青森市与石油精炼和石化产业发达的兰州市开展了城市天然气技术合作，双方还通过市长互访等形式，进一步扩大了交流合作。1998年4月，双方市长签署了友好交流协议。

◎西目屋村——梨树县叶赫满族镇（吉林省）

1981年，西目屋村村长作为日中农业交流协会代表访华团成员访问中国，与当时作为农业研修生指导员而受到邀请来华的原青森县农业试验所工作人员进行了沟通，并了解了中国农业研修生的相关情况。

经过村议会研究，第二年5月，西目屋村向到访的吉林省农学会一行递交了缔结友好交流协定的申请，并承担了以苹果、水稻种植技术为主的研修活动。

1983年，该村再次向到访的吉林省农学会一行提出签订友好交流协定的要求。第二年，该学会正式推荐吉林省叶赫满族乡为候选友好村镇。村长及村议会议长经过实地考察，于1985年4月正式签署了友好乡村关系议定书。

板柳町——北京市昌平区

担任日本葡萄协会理事长（农业科学研究所所长）的泽登

晴雄与中国方面交往颇多，他与该协会常任理事大泽永嗣一起，促成了板柳町与北京市昌平区的合作交流。

1991年，昌平区提出希望了解日本的苹果园旅游观光和加工设施，泽登晴雄与大泽永嗣便向有关人士介绍了自己的熟人——板柳町议会议员安田久五郎，同年，昌平区相关人员应邀视察了板柳町村民中心。

昌平区当时正在着手建设配有住宿研修设施的苹果观光园，1992年，北京大学程万里教授访问板柳町并考察了村民中心，提议双方开展进一步的交流合作。

程万里回国后，应北京市昌平区的邀请，板柳町町长一行访问中国，就推进友好交流活动的具体事宜交换意见。1993年6月，双方正式签署友好交流协议。

三 岩手县

朴实内敛,沉默寡言,埋头苦干。

简 介

无论在午休时间的咖啡馆，还是夜晚的居酒屋，时有三五成群、外表平常的男女高声谈论石川啄木、宫泽贤治、米内光政或原敬，偶尔还会争个面红耳赤。看到这样的场景，人们往往会投以惊异的眼光，但少有人会想到这些人很有可能是岩手县人。

高村光太郎在诗作《岩手人》中曾写下这样的诗句：沉静如牛。

没错，少言寡语、稳重内敛正是岩手人广为人知的性格特征，他们的行动如同黄牛一般不急不躁，这是因为他们早就养成了对任何事情都要深思熟虑的习惯。根据高村的描述，岩手人总是不慌不忙、不骄不躁，保持着作骄傲与矜持，总能达成自己的目标。迄今，已有四位岩手人出任过日本总理大臣。考虑到岩手人独特的品性，这样的情况绝非偶然。

岩手是日本面积最大的县，即便是城市中心也拥有清新的空气和得天独厚的环境。岩手人的身上少了些拜金与追求时髦的风气，自古至今，他们始终对深不可测的大自然抱有一颗敬畏之心。

不把忍耐当作忍耐，只要是自己看准的路，必定一步一个脚印走到底，总有一天，一切隐忍和付出终将得到回报。这样朴素的乐观主义在东日本大地震发生之后体现得可谓淋漓尽致。这就是岩手人纯净而强大的心理写照，忍辱负重的品性并不妨碍他们公开争论一些严肃的话题。

岩手县的与众不同：

①裙带菜、木炭、啤酒花、漆料的产量，均为日本第一。

②椀子荞麦面、盛冈炸酱面、盛冈冷面等别具风味的面食自成一家。

岩手县的地理概况和气候条件

岩手县位于日本东北地区的东北部，除北海道以外，是全日本面积最大的县，而可居住面积却仅占全县土地的24.3%，排名日本第40位。全县人口约127万，其中将近70%（90万人）都集中在内陆的北上盆地一带。除盆地与沿海部分地区以外大多是山地丘陵，森林资源丰富，植被茂盛。

岩手县旧名陆中，以江户时代的藩国而言，由主要位于今天宫城县的伊达藩（北部）与位于青森县的南部藩（东南部）构成。因此，今天的岩手人所说的"南部"，往往并非指地理意义上的南方，而是指县境的北部。

这里的气候大致分为两种：一是内陆地区那须火山带脚下受日本海影响的气候，另一种是除此以外地区受太平洋影响的气候。内陆地区夏季炎热，冬季寒冷，而太平洋沿海地区则夏季凉爽。但是，北上盆地的夏季因受焚风效应的影响，气温经常比南边的宫城县和仙台市还要高。

全县属于国家指定的暴雪地带，西和贺与八幡平两市更属特大暴雪地区。但不同地区差异较大，地处太平洋沿岸的宫城市和大船渡市降雪较少。

奥羽山脉积雪深厚且雪质优良，这里有着众多而设施齐全的滑雪场，经常举办国际和国内滑雪比赛。

每当北上盆地的冬季形成西高东低的气压场分布，奥羽山脉就会扮演壁障的角色，虽然晴天较多，却会在辐射冷却的作用下拉低凌晨的气温，受此影响，盛冈市的最低气温经常低于北边的青森市和札幌市，成为日本都道府县厅所在地中最冷的城市。有趣的是，下雪天和阴天时气温反而下降缓慢。

花卷市、北上市和奥州市的冬季最低气温都会下降到零下15度左右，是日本平原地带城市中最为寒冷的地区。

冬季早晚时分，市区与郊外的温差骤然加大，包括盛冈市、北上市和一关市在内，城市热岛效应十分显著。

岩手县相关数据：

面积：15,275.01平方千米

人口：1,270,260人（截至2016年6月1日）

人口密度：83.2人/平方千米

相邻都道府县：青森县、宫城县、秋田县

岩手县人的性格特点

不爱张扬却值得信赖的岩手县人

如果有人问起岩手人有哪些特点，似乎一时还真想不起什么特别之处，尽管这里是仅次于北海道的大县，但是提起这里的人，大家的确没有什么鲜明的印象。

可能有人会想到宫泽贤治、石川啄木等历史名人，同时产生一种对二人英年早逝的惋惜。贤治享年37岁，啄木享年26岁，两人都还没来得及展现自己的全部才华，就在疾病的折磨下早早离世。

北上川雫石，全日空航班与自卫队军机曾在这里发生空中碰撞并坠毁。还有小岩井农场、新日铁釜石橄榄球队、盛冈的椀子荞麦面和凉面、"一见钟情"大米等。这些有关岩手的信息，总是在有人提及后才会想起，旁人不说自己就很难想到。总而言之，岩手县好像没有能让人立刻想到的特点或特色。

不知是否因为上述原因，岩手人给人的印象总是沉静而质朴。对于这一点，高村光太郎在诗作《岩手人》中早已有过精彩描写："岩手人目光冷静，鼻梁秀挺，下颚坚毅，嘴形方正，散发出素雅的雕刻美。置身岩手，总会痴迷于岩手人天然的厚重感。岩手人，沉静如牛。"

意思是说，岩手人稳重踏实、默默无语而深沉冷静，遇事深思熟虑，努力专注而不为外界所动。而这样的性格特征，似乎也在他们朴实无华的相貌上表露无遗。

岩手是东北六县中唯一出过日本首相的地方，包括平民首相原敬、从海军大臣就任首相的斋藤实、米内光政和铃木善幸，而这四人的相貌也的确如上所述。他们的另一个共同点，就是他们的相位并非出于自身的强烈愿望积极争取而来，而是出于某种机缘巧合。

可以说，这几位前首相身上都没有大多数政治家表现出的强烈权力欲，而且显得淡定从容。另一方面，正如米内担任首相期间所表现的那样，忍耐力虽强，却缺乏决断力。

对于岩手人的特质，高村还有进一步的描写，那就是从不盲目奔跑，而是脚踏实地、稳健前行，直到达成自己的目标。岩手人绝不会任性敷衍、草率行事，一定会做好分内的事情。

这就是朴实无华却值得信赖的岩手人。

如前所述，岩手县与青森县相接的县北部（北上市以北）曾属旧南部藩，江刺市以南的地区则是旧伊达藩范围，原本分属两个不同的藩国。因此，岩手县南部与北部的人在脾气秉性上也存在着较大的差异。

县北部长期受大雪所困，交通闭塞。这里的人偏向保守，却大多性格顽强而坚韧。同时，也有消极、不喜交流、顽固且不易接近的缺点，与青森县东南地区的人们存在着某些共同之处。

与此相对，县南部地区则坐拥成为电影《远野物语》舞台的远野以及西行法师和松尾芭蕉到访的平泉，这里曾经是意气风发的伊达藩属地，人们大多积极向上、处世精明。他们的思维方式更像商人，有时爱虚荣，自尊心强。

即便如此，根据 NHK 国民意识调查，岩手县对"当今社会一切向钱看"的观点持否定态度的人所占的比例排全国第一。这一结果告诉我们，传统价值观仍然在岩手县民中占据着主流地位。

原味才是岩手的固有味道

岩手县历史悠久，早在平安时代（794 年—1185 年）初期的 802 年，由坂上田村麻吕创建的官衙（兼有军事要塞功能的行政设施）——胆泽城，就承担着日本北方的防御基地的作用。平安时代中期以后，奥州藤原家族又在这里开创了辉煌的平泉文化。

从镰仓时代（1185 年—1333 年）后期开始，这一地区再未出现强势军阀，长期以来，只有些弱小的武士展开争斗，导致世风逐渐没落。时至今日，岩手县仍然是一个默默无闻、与世无争的地方。

在 NHK 调查中，表示"不太在意自己衣着过时"的岩手人占比排名日本第二，实际上，这种不愿随波逐流的特点并非仅限于时装。他们对任何事物都保持着独到的见解，是非善恶极其分明，有时用一根筋来形容也毫不为过。

岩手县政府方面更是独树一帜，他们干脆尝试着将这种特有的县民气质打造成自己的新名片。2001 年发布的"不努力宣言"就是最好的例子。

根据岩手县政府网站的介绍，所谓"不努力"方针，体现的是岩手人希望以更人性、更自然、更质朴的姿态迈入新世纪的理想。举例而言，他们宁愿坚守与茂密的森林相得益彰的木屋，也不愿居住在砍伐掉大片森林后建造的设计尖端的钢筋混凝土大楼，正是这种与自然环境和谐共生的强烈意识，催生了岩手范儿的"不努力宣言"。岩手县的发展目标绝非光怪陆离的泡沫都市，而是更接地气的自然与生态乐园。

创意的源头，来自于乡土名人宫泽贤治。19 世纪的波兰医生柴门霍夫创立了世界语，旨在消除国际交往中的语言障碍，促进世界各国人民的和睦共处，宫泽贤治则按照世界语的发音规则，创造了岩手的别称"IHATOV"，意思是世外桃源、乌托邦。

且不论"IHATOV"的称呼是否也包含着回归田园的理念，但无疑折射出岩手人亲近自然、追求极简生活的强烈愿望。以建筑为例，他们绝不会接受华丽浮躁的人工装饰，而是更喜爱自然简约的木材搭建的"陋室"。一切以原味论胜负，这才是岩手人坚持的理念。

如此说来，据称佛教各教派中教义最严格的禅宗信徒人数也是岩手县最多，或许这就是岩手人生来认真严谨的原因吧。

岩手已经到了"必须较劲"的时候！

然而天有不测风云，2011年3月11日发生的东日本大地震，让岩手县人不得不修正之前的方针。之前的"不努力宣言"变成了"岩手加油！"

字面的改变并不重要，我们从岩手县震后发布的宣传语——"美丽富饶，长久相伴，共同孕育希望之乡"当中也可以看出，岩手县的当务之急，就是大力推进以海啸重灾区县东部三陆海岸为中心的全县灾后重建。

之前的"不较劲"，此时显然会造成误解，仿佛岩手人已经被如此惨重的灾害击垮了一般。东北地区各县都在全力投入灾后重建，只有岩手提倡"不较劲"，这究竟是什么意思？

即便进展缓慢，岩手人也会凭借人与人之间的牢固纽带，稳步推进家乡的重建，这一点毋庸置疑。

恰在此时，平泉中尊寺成功列入"世界遗产名录"（2011年6月）。中尊寺诞生于战乱频仍的中世纪，由当地显赫一时的奥州藤原氏出资建造，目的是祈愿和平。尽管众多基于佛教思想建造的古建消失于天灾人祸，但是中尊寺却在当地人的精心呵护下完整地保存下来。

远离世俗的喧嚣，努力保护珍贵的遗存，正是岩手人最擅长做的事。

或许可以说,沉稳内敛、深思熟虑、不为外界所动的性格,既是岩手人与生俱来的生存之道,也是他们特有的"努力"方式吧。

绝不受世俗诱惑

岩手人生性温和内敛,这也让他们缺少了一点生气。在NHK调查中,回答"原本应当坚持的事情,但是考虑到可能产生对自己不利的后果,最终选择了沉默"的人排名全国第六。果不其然,岩手人的确善于冷静观察周边的状况,然后在沉思默想后做出理智的反应。

根据同一项调查,回答"与陌生人打交道感到拘谨"的人排名第二,"希望与朋友无所不谈并做到互相帮助"的人排名第13位,高于回答"不愿与人深交"的人(排名第21位),因此可以说,岩手人绝对不是讨厌与人交往。

此外"对自己生活的土地和人际关系抱有依恋"排名第四,"对家乡的方言感到亲切"排名第三,"希望家乡话能够传承下去"排名第二。

岩手人认为,男性最需要的品质是诚实和耐性(对女性的要求是温柔和开朗),能够具备这些品质的人,一定也会给别人留下好印象。

然而,正如高村光太郎指出的那样,岩手人固然能带给人巨大的安全感,但是欠缺了关键时刻的行动力和决断力,结果往往是不仅事情没有进展,人也迟迟没有动静。

岩手人与光鲜亮丽的都市做派基本无缘，他们大多低调简朴，绝无扭捏造作和装腔作势。他们沉默寡言、做事认真，凡事都能在深思熟虑后沉着应对，不受流行时尚和嘈杂噪音的影响，只是向着既定目标踏实努力、稳步前行。

正是这样的岩手人，有时反而更容易接纳他人的言行。在经历过你死我活的惨烈竞争与倾轧的人们眼中，生性质朴的岩手人或许根本不是对手。

然而，即使遍体鳞伤，岩手人也绝不会忌恨或诅咒，这种难以言表的超然心态正是他们特有的魅力。县南地区的人或许老于世故，但即便如此，他们也远没有沾染上市侩风气。

面对这样的岩手人，你绝对不能撒谎或者表现虚荣。无论何时，都要和他们以诚相待。

即使有了不错的第一印象，真正达到情投意合的境界也需要很长的时间。一旦和岩手人建立起这样的关系，基本上就能够在工作中和谐相处。

与岩手人交往时，不妨暂时忘记世间的龌龊，试着以真情实意去换取他们的真心。

岩手县的重要数据和知名人士

岩手县在日本名列第一的几个领域

领域	数据
裙带菜消费量（2010年）（每户）	2,240克
果冻消费量（2012年）（每户）	2,707日元
农业从业人口（2010年）（每百人）	6.77人

岩手县出身的名人

政界：

原敬（盛冈市）

齐藤实（奥州市）

米内光政（盛冈市）

铃木善幸（山田町）

畑浩治（久慈市）

藤原良信（大船渡市）

平野达男（北上市）

文化界：

金田一京助（盛冈市），语言学家、民族学家

新渡户稻造（盛冈市），教育者、农学家

高桥克彦（釜石市），作家

常盘新平（奥州市），作家

宫沢贤治（花卷市），作家

三好京三（奥州市），作家

藤枝 TOORU（盛冈市），漫画家

吉田战车（奥州市），漫画家

相米慎二（盛冈市），电影导演

演艺界：

新沼谦治（大船渡市），歌手

千昌夫（陆前高田市），歌手

藤圭子（一关市），歌手

村上弘明（陆前高田市），演员

体育界：

畠山和洋（花卷市），东京养乐多燕子队队员

银次（普代村），东北乐天金鹰队队员

菊池雄星（盛冈市），埼玉西武狮队队员

大谷翔平（奥州市），北海道日本火腿斗士队队员

阿部寿树（一关市），中日龙队队队员

小笠原满男（盛冈市），鹿岛鹿角队队员

饭尾一庆（奥州市），横浜足球俱乐部球员

山本脩斗（盛冈市），鹿岛鹿角队队员

藤村庆太（盛冈市），仙台维加泰队队员

佐佐木七惠（大船渡市），马拉松选手

岩手县特有的风味美食

椀子荞麦面

食客手捧红色漆碗,店家往碗里挑入一口荞麦面,或许不等食客吃完,店家又添上一口……这样的流程重复进行,直到食客吃饱盖上碗盖才宣告结束,这就是椀子荞麦面独具特色的吃法。

实际上,这种吃法是岩手山区古已有之的传统习俗,过去,农家在播种、收割、节庆表演乃至红白喜事等众人聚餐的场合,都会摆上椀子荞麦面。椀子荞麦面如今已成为当地具有表演性质的特色小吃。人多量大,为了方便搬运和煮制,人们将大坨的荞麦面分成小份处理,逐渐演变成吃一口舔一口的形式。

如今,椀子荞麦面与炸酱面、盛冈冷面并称"盛冈三大面"。

炸酱面

战后的日本处于粮荒时代,曾在伪满洲国居住过的高阶贯胜以中国东北的炸酱面为基础，在自己经营的街头面摊上推出了经过改良的炸酱面，以迎合日本人的口味。他使用不同于中国手擀面的宽面，以肉酱调味，辅以黄瓜、葱花等菜码，食客还可以根据自己的喜好添加辣椒油、姜末或蒜蓉。面条吃完后，在剩下的面汤里打进一个鸡蛋，添上少许肉酱，再注入烧开的汤汁搅拌，就成了一碗香浓的鸡蛋汤。食客美美地喝完鸡蛋汤，都会心满意足地离开。

这种炸酱面都是在顾客下单后才开始煮面，所以在吃进嘴里之前都要等上一段时间，特别适合于那些生活节奏不紧不慢的人。

盛冈冷面

盛冈冷面口感微辣，如今已是日本全国闻名的美食。辣味来自于萝卜制成的泡菜。大多数店家都把辣度分成若干个级别，以便食客根据自己的喜好自由选择。

据说，最早制作这种冷面的人是旅日朝鲜人青木辉人。他于1954年在盛冈市开设餐馆"食道园"，推出了这道冷面。

与众不同的是，盛冈冷面一般并不在面馆里出售，而是烤肉店里必不可少的一道面食。食客吃完冷面后，许多店家都会提供爽口的果盘，对水果具体品种则随季节而变化，美味的时令鲜果同样令顾客充满期待。

盛冈冷面

豆团汤

在早期电视连续剧《小海女》中,煮食的豆团汤作为虚构的北三陆市(原型为久慈市)的特色美食登场亮相,不久即传遍日本各地,成为尽人皆知的地方美味。所谓豆团,是指以桃仁和黑砂糖做馅儿的汤圆。

用海带与煮熟晒干的小鱼熬汤，放入切成小块的胡萝卜、牛蒡等蔬菜，以及葫芦干儿、烤豆腐、油豆腐等辅料，与裹上淀粉的豆团一起熬煮。豆团汤以酱油调味，汤少而辅料丰富，经过勾芡的汤汁口感醇厚，香浓可口。

豆团汤是原山形村（现久慈市）民众举办红白喜事时必备的传统美食，在当地可谓家喻户晓，2011年发生东日本大地震后，又作为免费提供给灾民的救济食品而广为人知。

南部米饼

米饼是用荞麦面擀制成圆饼后蘸芝麻烤制而成，香脆可口，味道质朴。这种米饼的出现据说可以追溯到大约600年前，当时的长庆天皇微服出行来到陆奥国时，当地人为他奉上的就是这种米饼。荞麦是一种适宜在贫瘠土地上耕种的耐寒作物，而烤制米饼的铁模子又产自南部，因而，这种米饼成为了岩手特有的美食。

南部米饼经常作为人们探望产后女性时携带的馈赠礼品，有的地方还有一些特殊的风俗，例如在婚庆典礼上，将糯米豆饭的饭团摆放在米饼上，然后分送给邻居。今天，南部米饼已成为到访岩手的游客必买的旅游特产。

中国游客不可错过的岩手景点

福聚山大慈寺

坐落在盛冈市大慈寺町的黄碧宗寺院，拥有日本东北地区罕见的中式山门。该寺由德真道空创建于1673年，1884毁于火灾，后在平民首相原敬的捐助下，山门与丈室得以复建。原敬本人去世后也葬于大慈寺。

大慈寺名声在外的另一个原因，是游客可以在这里品尝到根据中国医食同源的古老理念而制作的普茶料理，是一种以野菜和蔬菜为食材的素膳，制作精美，色味俱佳。

此外，大慈寺还是盛冈传统祭祀仪式"灯笼火船"的发祥地。

"家乡药膳绿树"餐馆

这是岩泉町一家小有名气的餐馆，最吸引人的地方就是乡土料理与中医药膳相结合的特色菜品。

这里推出的菜肴以当地食材为原料，在传统料理中融入药膳的理念，不仅一概不使用化学调味料，就连味增等调味品也尽可能采用手工制作。

  这里的菜品不仅美味健康，各类餐具也是清新独特、别具一格，顾客在品尝美食的同时，还能体验到精神上的愉悦。

与中国各省市结成友好城市的行政自治体

宫古市——烟台市（山东省）

1991年，在宫古市建市50周年之际，宫古市向山东烟台经济开发区医院赠送了一批医疗器械，成为两市友好交往的开端。随后，宫古市接待了来自烟台市的医疗研修生。1992年，宫古市长与市议会议长等人应邀访问烟台，出席了配备捐赠医疗设备的新建诊疗大楼揭幕仪式，双方的交流合作日益加深。1993年10月，经双方友好协商，宫古市长率代表团访问烟台，与烟台政府签订了友好城市协定。

花卷市——大连市西岗区（辽宁省）

2007年，岩手县与大连市签订了地区合作协议，花卷市与大连西岗区为进一步促进两地发展，决定大力推动双方在产业、教育、文化等领域的民间交往与经济合作，于2008年1月正式签订了友好城市关系协定。

北上市——三门峡市（河南省）

坐落在北上川与和贺川交汇之处的北上市是日本著名的苹果产地，而三门峡市则以种植仰韶大杏而著称。北上市于1978年成立了日中友好协会，长期致力于对华友好交流活动，曾多次组织代表团访华，并邀请河南省政府人士到访北上。

随着友好交往的不断深入，缔结友好城市的话题也摆上了双方的议事日程。应河南省邀请，北上市派出了友好城市推进访华团，作为回应，三门峡市副市长率团回访。1985年5月，双方正式缔结友好城市关系。

两市结好后，作为交流合作的举措之一，双方曾交换杏树与苹果苗木。目前，来自三门峡地区的杏树已经遍布北上，而北上市赠送给三门峡市的富士苹果也早已蜚声中外。

金崎町——长春市（吉林省）

在研究探讨旅游休闲地开发之际，金崎町产生了以中医药主题打造健康休闲概念的想法。1989年2月，以金崎町町长为首的友好代表团访问长春，双方签订了友好交流协议。

平泉町——天台县（浙江省）

天台宗被誉为"平泉文化之源"，而作为平泉文化的代表，中尊寺也是日本东北地区的天台宗祖庭。天台县是中国天台宗的发源地，这里坐落着天台宗祖庭国清寺。平泉町与天台县的友好交流始于1988年，2010年6月双方正式签订了友城协议。

四 秋田县

阳光进取,美女之乡,文化水平高。

简　介

秋田县是一个物产丰富之地，鳎鱼、比内鸡、稻庭乌冬、切蒲英卷（秋田风酱烧饭团）、秋田小町大米等不胜枚举，但最出名的应该是美女。

秋田女子热情、大方。秋田男子严谨却不失大气。男女共同特点就是都很时尚，喜欢新鲜事物，有一种不服输的倔强。秋田人一般都与本县当地人结婚，就业地也多为县内，住房拥有率位居全国第二，人口流动量非常少，这些特点造就了秋田县独特的居民文化。

在东北六县中，秋田县属于最阳光、开放的。去听一听为数不多的秋田民歌，你就会发现几乎所有的民歌都是鲜明轻快的旋律。秋田县在江户时期经济非常发达，至今仍是如此。

但动不动就有人说秋田人窝里横。这可能是因为秋天人受东北方言的影响吧。

稳固的根基总是极好的。秋田通过旅游、文化等与其他县保持良好互动关系，不仅仅是东北，秋田希望向全国展现出自己的活力。

秋田县的与众不同：

①美容美发店数量比，位居全国第一。

②六岁以下儿童的家庭中，丈夫干家务的时间位居全国第一。

③NHK收视费支付比率全国最高。

秋田县的地理概况和气候条件

秋田县位于东北地区的西北部，东西约70公里，南北约170公里，成长条状。面积11600平方公里，居于全国第六，在历史上是由"出羽"和"陆奥"两国的一部分组成。

秋田的地名传说是来自"恶田（AKUTA）"一说，"恶田"是指过去从不适合种植水稻的土壤，而现在这里已成为日本稀少的粮仓地区。

贯穿东侧的奥羽山脉是秋田县与岩手县的分界线；秋田县西邻日本海；北边的十和田湖与西边的白神山地是秋田县与青森县的分界线；南边鸟海山与栗驹山连接而成的山地成为与山形县、宫城县的分界点。

奥羽山脉与其西边的出羽山地之间流淌着米代川河、雄物川河、子吉川河。

日本海沿岸的能代市、秋田市、由利本庄市周边，平原广袤，水稻种植业颇为繁盛。

秋田市交通便利，除政府所在地秋田市及秋田县北部的北秋田市的大馆能代机场以外，还有JR秋田新干线、奥羽本线、羽越本线铁路交通设施。高速公路设施也相当完备，有东北高速公路、秋田高速公路、日本海东北高速公路、日本海岸东北高速公路等。

整个秋田都属于典型的日本海气候，约90%的地域都被划为强降雪地带。

秋田县不仅降雪量多、积雪多，冬季日照时间在日本都道府县中最短。但由于早晚无辐射冷却现象，因此在日本海沿岸地带等，有时早上的温度比关东平原的内陆地区还要高。从所处维度来看，气候相对温暖，温度差（每日的最高气温与最低气温的温度差）较小。

夏季持续高温多湿、较为阴暗。雨季不够明显，有时感觉雨季还没结束，就直接进入了秋季。

特别是内陆地区的夏季，来自太平洋的季风越过奥羽山脉，引起焚风现象，经常导致气温升高，酷热难耐。而且热带夜（夜间的最低气温在25℃以上）也较多。冬季风力不大，但降雪较多，相对寒冷。

由于沿海地区一到冬季，日本海吹过来的风潮湿、阴冷，雨雪天气较多，秋田的海面上常发生极地涡旋，因此有时也会引起暴风雪、强降雪等恶劣天气。

秋田县相关数据：

面积：11,637.54平方公里

人口：1,012,938人（截至2016年6月1日）

人口密度：87人/平方公里

相邻都道府县：青森县、岩手县、山形县、宫城县

秋田县人的性格特点

受惠于当地美食的爽朗的东北人

秋田县的人,特别是秋田县的男人,在历史上就因会享受生活而闻名,具体来说就是喜欢吃喝玩乐。

都说东北地区的人沉默寡言,但秋田人却不是。他们与北邻的津轻人相似,平时话不多,哪怕第一印象不太好,一旦喝酒,话匣子就打开了。这时候你就会感觉对方就像变了一个人。

的确,当你漫步在秋田市首屈一指的小酒馆街、川反大道(贯穿市内、南北流向的旭河的西边、江户时期镇上的人在此居住,被称为"外町")上,你就会发现,店铺的数量都超过了东北大城市——仙台(仙台人口是秋田的 3.5 倍)的国分町。

虽然秋田人虚荣心比较强,但在东北六个县中被认为是最大方的一个县。无论钱包多么瘪,都会展现出很大方的样子,这就是秋田的男人。

秋田人均收入与排在第一位的东京相比,大约是东京人均收入的一半（53.0%），在东北地区应该是最低的（全国排名第43位。2011年数据统计），尽管如此却特别能花钱。与其说是大方，不如说是乐天派的性格使然。

能花钱，也就意味着很难存下来钱，秋田人的存款金额在日本排名第42位，处于较低水平，但是秋田人很看得开。

自江户时期起，秋田作为日本屈指可数的大米之乡，将产量丰富的稻米装入行驶在日本海上的北前船，然后运送到京都、大坂（今大阪）。也正是因为如此，秋田在经济上可以与仙台藩（今宫城县）匹敌。秋田人在东北地区过着最幸福、最富足的生活，压力小，或许也无需存钱吧。

而至今秋田仍很大程度上保留着那个时候养成的泡沫经济式的生活方式。

安藤和风是名列日本第四、拥有悠久历史的《秋田魁新报》（1874年创刊）主编，也曾担任过社长。他曾在描述秋田县的特点时说："秋田是出金之地、温泉之地、良田之地、稻香之地、美酒之地、美女之地、人性真我之地。"

"温泉之地""稻香之地""美酒之地""美女之地"，这些特点实际上都是息息相关的。

秋田县下属的25个市町村，几乎都有天然的温泉。一般来说涌现温泉的地方，水也很好喝。水好，米就会更加美味。

发源于秋田县南部奥羽山脉的雄物川流域形成了广阔的平原。藩主佐竹表面上宣称是20万石（1石约为13.5公斤），实际上是40万石以上。这个传统保留至今，以秋田小町为首的秋田米产量跃居全国第一。(秋田小町：水稻品种，始于1984年，是奥羽292号和越光杂交而成的，被作为"秋田名牌大米"而推广至全国。米代川、雄物川、子吉川三大河川滋养着奥羽山脉，肥沃的土壤、丰富的水资源培育出了顶级优质大米，让"秋田米"闻名全国。——编译注）

好水，好米，自然就有好酒。秋田的美酒采用雄物川河及其支流、玉川河的地基水，"飞良泉酒"（仁贺保市）、"新政酒"（秋田市）、"雪之茅舍酒"（由利本庄市）、"天之户酒"（横手市）、"白瀑酒"（八峰町）等在全国负有盛名。秋田县的清酒消费量仅次于新潟，位居第二。

当然，这里也汇聚了各类美食：切蒲英卷（秋田风酱烧饭团）、鳕鱼、盐汁锅（将鳕鱼、沙丁鱼发酵腌制而成的特殊鱼酱作为酱汁的炖锅）、稻庭乌冬、比内地鸡、腌制萝卜（将萝卜挂在壁炉上进行熏制，并用米糠和盐腌制而成）、秋田蕗（蜂斗菜）。美酒佳肴，让人流连忘返。

秋田人传承下来的爱美之心

"秋田女"是美女的代名词，自古以来秋田美女就闻名全国。著名的冬攀舞（日式舞蹈）音乐节（发源地为大仙市）里的歌词曾写道："美女全国第一，小野小町的故乡，大家快来这里找老婆。"

不错，那个小野小町的故乡就是秋田县！（小野小町是日本家喻户晓的美女，在日本与中国杨贵妃、埃及艳后克利奥帕特拉七世并称为世界三大美女。因而"小町"也成为美女的代名词，日本所有冠上地名的"某某小町"，都代表当地公认的美女。——编译注）。

关于秋田美女，还有一种说法是她们是古时候从欧亚大陆远渡而来的高加索种人或俄罗斯白种人混血，相对而言此种说法更具说服力。

在47个都道府县中，秋田县日照时间最短（2014年数据统计）。

秋田县每一万人中从事美容业的数量为20人，理发店数量为18，均占据全国第一位。美容院的数量是全国平均数量的2倍，理发店是2.5倍（根据总务省统计局2012年经济普查、人口预测计算）。

这里的女性本来就是天然美，再加上精制的妆容，更是美不可言。

以前都说京都人好穿、大阪人好吃，可与之相比，秋田人却是既好吃又好穿，想想真是不得了。但这些都是秋田人与生俱来的。他们喜好新鲜事物，好奇心强，对流行元素敏感。

在经济实力方面，秋田县在国内也是属于屈指可数的地区。

实际上秋田县独立式住宅的比率位居第一，住房拥有率居于第二，总建筑面积名列第四，可以说住宅条件相当良好。富足有余的生活让秋田人将钱更多地用在吃穿上，大概就是这样养成了秋田人的性格吧。

文化水平较高

秋田人不仅注重吃穿，文化水平也相对较高。

去秋田看一看，你就会惊讶地发现，当地的体育报纸居然是日刊，每天发行。一般都是位于东京和大阪的国家级新闻媒体公司才会发行体育类报纸。

说起地方报纸，人们可能一开始只能想到《中日体育报》(爱知县)和《西日本体育报》(福冈县)。秋田县没有专业的棒球队，足球队也只有征战J3（日本职业足球丙级联赛）联赛的"秋田蓝色闪电足球俱乐部（Blaublitz Akita）"（以秋田市、由利本庄市、仁贺保市、男鹿市为中心作为全县的足球基地），想不到这里竟然还有体育报纸！

虽然数年前开始，秋田的人口数就不断骤减，但体育报只是变为周刊，并未倒闭。

《秋田体育报》是当地出版物的先驱，而以妙趣横生的活动闻名的无明舍出版也起源于秋田县。

还有第一届夏季甲子园比赛（1915年），战胜京都二中（今鸟羽高中）的就是秋田中学（今秋田高中）。

将棒球（baseball）译成"野球"的是中马庚，其自明治末期至大正初期曾担任大馆中学（今大馆凤鸣高中）的校长。秋田的棒球队虽然只去过这一次夏季甲子园的决赛，但那个时代秋田是棒球文化较为发达的一个县。

秋田在东北地区是经典民歌较多的一个县，其歌词及旋律活泼轻快，鲜有忧郁色彩。以之前的冬攀舞音乐节为首，《秋田姑娘》《秋田音头》《秋田长持呗》等歌皆活泼轻快，很适合宴席场合。

很早以来，秋田人就带有一种乐观的精神——"吹着牛皮，吃着美食，喝着美酒，哼着小曲，天下和平与喜乐，无需过多言语"。

在江户时代，秋田大米经常被运至大坂，再从大坂运至江户（现东京），以改善人们的膳食。由于大米产于秋田，而大米的价格会根据情况有所波动，所以也可以说秋田掌握了日本的生命线。在19世纪70年代以前，送给公司入职年轻员工的福利最多的就是秋田大米。

从东北至北陆，再到山阴地区，都给人一种阴暗、寒冷的不好印象。但秋田人乐观、阳光，会将这种先入为主的观念打消。

江户时期以后，秋田人认识到自己对整个日本的强大影响力，拥有了十分的自信。

秋田是促进日本高速成长的跟腱

秋田县自2005年起15年间人口减少率达至5.8%，在全国47个都道府县中形势最为严峻。

还有一些不良的统计数据，例如每10万人中自杀者人数达31.86人，比例最高。虽与以前相比有很大减少，但仍处于最后一位，接近奈良县的两倍。与奈良县对比来看，全国人口数中，土生土长的秋田人比例非常高。

秋田县内人口流动量较少。在这一方面，可以说地方社会相当稳定。秋田人的结婚对象一般都是当地人，所以离婚率也相对较低。然而也正是如此，可能会产生很多内在的羁绊，导致压力较大。

秋田县很努力地想摆脱这种境况，那么秋田人是不是应该唤醒自己的进取心与乐观的生存态度呢？这样一来，天性自然就会回来。

秋田县因恶性肿瘤（癌症）、脑血管疾病导致的死亡者数量位于岩手县、青森县之后，居于第三，而长寿人数量连续位居第一。

秋田不会违背常识，也不会冒险激进，因此暴力犯罪很少。秋田谋求与周边人和地方社会和谐共处，因此个性很强的人在这里会感觉很痛苦，很难生活下去。

秋田县的重要数据和知名人士

秋田县在日本名列第一的几个领域

领域	数据
独立式住宅比率（2012年）	81.0%
人均每天睡眠时间（2011年）	484分钟
大米种植面积率（2013年）	28.96%
自杀者人数(2013年)(每10万人口)	277人
刑法罪行检举率（2014年）	58.40%
NHK收视费支付比率（2012年）	95.7%

秋田县出身的名人

政界：

  石田博英（大贯市）

村冈兼造（由利本庄市）

根本龙太郎（大仙市）

野吕田芳成（能代市）

菅义伟（汤沢市）

小野清子（秋田市）

明石康（大馆市），联合国秘书长

商界：

福冈易之助（横手市），白水社创始人

佐藤义亮（仙北市），新潮社创立人

齐藤宪三（仁贺保市），TDK 创始人

山下太郎（横手市），ARABIAN OIL 创始人

文化界：

石川达三（横手市），作家

内馆牧子（秋田市），作家

西木正明（仙北市），作家

小林多喜二（大馆市），作家

Enoki do Ichiro（秋田市），专栏作家

矢口高雄（横手市），漫画家

仓田芳美（秋田市），漫画家

土田世纪（横手市），漫画家

大日向豪（羽后町），漫画家

菊地正太（横手市），漫画家

齐藤寅次郎（由利本庄市），电影导演

中村征夫（泻上市），摄影师

男鹿和雄（大仙市），动画导演

演艺界：

东海林太郎（秋田市），歌手

小仓智昭（秋田市），播报员

藤 Aya 子（仙北市），歌手

樱田淳子（秋田市），歌手

因幡晃（大馆市），创作歌手

松尾一彦（八峰町），音乐家

大间二郎（小坂町），音乐家

柳叶敏郎（大仙市），演员

壇蜜（横手市），演员

佐佐木希（秋田市），演员

鸟居美雪（大仙市），演员

松本宽也（秋田市），演员

Bravo 中谷（美乡町），喜剧魔术师

体育界：

小野乔（能代市），获得奥林匹克（体操）5 枚金牌

远藤幸雄（秋田市），获得奥林匹克（体操）5 枚金牌

奥寺康彦（鹿角市），日本现代职业足球运动员先锋、横浜 FC 会长

落合博满（男鹿市），乐天、中日队、巨人队、日本火腿队史上唯一一个三连冠选手

山田久志（能代市），阪急勇士队投手、史上第一个连续三年 MVP

石川雅规（秋田市），东京养乐多燕子队职业棒球队队员

摄津正（秋田市），福冈软银鹰职业棒球队队员

摄津飒登（汤泽市），山形山神足球俱乐部队员

高桥大斗（北秋田市），滑雪选手

长崎宏子（秋田市），游泳教练

松野智加（能代市），体操教练

秋田县特有的风味美食

稻庭乌冬

这是秋田县南部地区特产的一种手工打制的干切面，呈浅蛋黄色，比冷面及凉面略粗，像扁面条一样，形状平整，烹煮方便，口感润滑，丝丝入味。

稻庭乌冬是江户时期宽文年间（1661年—1672年）由稻庭村（今汤沢市）佐藤市兵卫所创的。稻庭乌冬是藩主御用食物，也曾作为秋田藩的名品馈赠给各藩。

稻庭乌冬与赞岐乌冬（香川县）一样，是屈指可数的"日本三大乌冬"。另外一种乌冬，有人说是水沢乌冬（群马县），也有人说是五岛乌冬（长崎县）、冰见乌冬（富山县）、Kishimen（爱知县），众说纷纭，但稻庭乌冬却与赞岐乌冬一样，地位无法撼动。

腌萝卜

其做法是将萝卜挂在壁炉上,用橡木和樱桃木的焚火进行熏制,之后用米糠和盐腌制而成。由于秋田的冬天来得较早,因此将萝卜挂在壁炉上可快速晾干,经过熏制,更加美味可口。

盐鱼汁火锅

盐鱼汁火锅是在腌制的咸鱼上放上重石,浸出汁,取其精华部分。盐鱼汁最重要的就是鱼酱。在秋田,当大量捕获的鳕鱼吃不完的时候,人们就会以此为原料制作鱼酱。将鳕鱼、比目鱼、小鲷等白鱼和蔬菜与这个鱼酱一起烹煮,就成了盐鱼汁火锅。鳕鱼是冬季之鱼,盐鱼汁火锅是冬季必不可少的美食。

秋田县的县鱼就是鳕鱼。

横手炒面

日本有名的横手炒面,在当地美食节"B-1大奖赛"第一届比赛上获得二等奖,在第四届比赛上获得一等奖。

横手炒面的做法:用含酱汁的、甜口辣酱油调味制作的软粗面,加入卷心菜、猪肉片等,一起炒,另外还可加煎鸡蛋,有些店铺还会加内脏。

横手的吃法:将煎鸡蛋蛋黄碾碎,加调味汁后享用。

目前,横手炒面与富士宫炒面(静冈县)、上州太田炒面(群马县)齐名,被称为"日本三大炒面"。

横手炒面的一个特点是配有红色姜，红色姜与炒面是绝配，还有一个特点是配有福神渍（什锦八宝菜）。最初的横手炒面是1950年左右由横手市内的"元祖神谷炒面店"店长萩原安治与当地面条厂家一起经过反复尝试制作而成的。

比内鸡

在秋田县北部米代川河流域、比内地区饲养的鸡称之为比内鸡。由于被指定为日本的天然纪念物，因此不可食用。用于食用的是已配种后的比内鸡，与名古屋交趾鸡、萨摩鸡一起被称为"日本三大美味鸡肉"。

比内鸡愈嚼愈有味道，肉香滑美，煮烤皆可。烤米饭团子火锅用比内鸡鸡架制作出鸡汁，肉可以直接食用。

Kiritanpo火锅（烤米饭团子火锅）

其做法是：用比内鸡鸡架制作出鸡汁，与酒、砂糖（或料酒）、老抽调制成汤汁，根据烹煮时间长短依次放入食材。首先用中火烹煮牛蒡、舞菇、比内鸡鸡架，然后放入米饭团子和葱，在入味前放入水芹，稍煮即可。

烤米饭团子是将刚出锅的新米米饭碾碎，穿在杉木签子上，用炭火烤制成棒状，然后从棒上取下，切好后食用。切后叫作"Kiritanpo"，切之前叫作"Tanpo"。"Tanpo"是指用棉布将练习用的长枪包裹起来的样子。在杉木签子上缠绕米饭的形状，就好像裹着棉布的长枪一样，因此而得名。

中国游客不可错过的秋田景点

大龙寺

　　大龙寺地处秋田县西部的男鹿市,男鹿市拥有邻接日本海的男鹿半岛大部分面积。位于同市的船川港,称之曹洞宗的大隆寺寺院。这里有被称作是"虾夷锦"的清代官服以及中国丝绸面料,据说被用在袈裟、阵旗以及阵羽织上。清朝衣服以及布上带有"虾夷"地名的原因是其经由虾夷地(北海道)而引进的。

　　据说大龙寺是战国时期(1477年—1573年)至安土桃山时期(1573年—1600年),出羽国著名战国大名(日本古时封建制度对领主的称呼——编译注)安东爱季捐赠的。该寺的资料记载,色彩鲜艳的龙图案被称之为"庭院袈裟"。

小坂町

　　小坂町位于秋田县的最北部,小坂町的东北部有与青森县交界的十和田湖。

　　19世纪,小坂矿山开采出了很多金和银。明治时期,人们

十和田湖

在这里开采铜和锌等,小坂町曾一度作为矿山城市而繁荣,但二战结束后资源枯竭,繁荣不在。

在小坂町的中心地带,有着现代工业遗产的大道,被命名为"明治100年大道",还有日本最老的现役剧场,现存国家重要文化财产——康乐馆、美丽洋馆(小坂矿山事务所)。

这里的金合欢树,是由中国大连市政府赠送的。小坂町亦被称为"金合欢城",每年5月街道两旁开满了金合欢花,花香四溢。

自2000年以来小坂町一直举办"金合欢节",以加强与大连市的沟通与交流。

与中国各省市结成友好城市的行政自治体

秋田县——甘肃省

1980年7月,中国国际旅行社苏州分社访日团拜访秋田县知事。当时担任团长的甘肃省人民政府外事办公室副主任提出进一步加深友好关系的期望,知事表示赞同,之后双方开始交流。随后双方互派友好访问团,积极推广友好合作。1982年8月,双方签订了友好合作协议,建立了友好合作关系。

秋田市——兰州市(甘肃省)

上述访日团也访问了秋田市。同年10月,访问了北京中日友好协会的秋田市议会议员访华团希望加强秋田市与中国城市的交流。兰州这所城市历史悠久,很早以前就作为丝绸之路的中转站,发挥着重要的作用。秋田市代表人接受兰州市的要求,两次到访兰州。次年,秋田市收到兰州市赠送的蓝马鸡、双峰驼,将其饲养在可俯瞰整座城市的大森山动物园中,分别命名为"兰泉"和"田田",颇受人们喜爱。每年有25万人次入园。作为回礼,秋田市赠送给兰州市一个黑猩猩。双方通过互赠动物,进一步加深了友谊。同年8月,秋田县与甘肃省,秋田市与兰州市,分别举办了友好城市签约仪式。

鹿角市——武威市凉州区(甘肃省)

秋田县与甘肃省自1982年缔结友好城市以来,1994年甘肃省国际交流所所长考察鹿角市大汤环状列石,就与武威市的友好交流事宜进行了沟通。以此为开端,两市之间不断相互访问。之后还举办了两市中小学生书画交流活动,进一步加深了友谊。2000年11月,双方市长在友好城市协议上签字。

由利本庄市——无锡市(江苏省)

1978年本庄市农业青年访华团经过中日友好协会的介绍,访问无锡市,由此展开友好交流。本庄市自1982年起就积极开展图书捐赠活动等,努力加深人们对日本文化的理解,经过长年努力,积累了丰富的交流经验。2001年7月,自两市正式签订了友好城市协议以后,在工业、经济、技术、文化、旅行等方面的交流进一步扩大。2005年本庄市与由利郡七町合并而成由利本庄市,城市合作关系仍旧继续。

仁贺保市——诸暨市(浙江省)

两市友好交流的缘分大约可追溯到江户时期。正如松尾芭蕉的《奥州小道》中所写"泻蒙蒙雨,淋打合欢树上花,楚楚赛西施"。象泻町的民间组织与中国古代美女西施的故乡诸暨市开展了合作交流。在1900年仁贺保市代表第一次访华时,种植了合欢树以来,双方不断地进行相互交流。1998年,两个城市签订了初步合作协议。2002年获中国政府批准后,双方正式在友好城市协议上签字。2005年10月,泻町、金浦町、仁贺保町合并,成为仁贺保市。无锡市为了继承象泻町与诸暨市的友好城市合作关系,在2008年10月与新城市交换了再次友好合作文件。

八峰町——扬州市广陵区(江苏省)

1995年八森町(今八峰町)交流团访问扬州市之际,就经济、文化等交流事业签订了协议。次年,以广陵区副区长为首的交流团访问老旧八森町,签订了经济文化交流友好临时协议。1997年6月,町长、议长等八森町代表人访问扬州市广陵区,正式签约。2006年八森町与峰浜合并,变为八峰町,同町仍继续保持合作关系。

五 宫城县

豁达开放，喜新厌旧，善交际。

简　介

获得索契冬奥会男子单人滑金牌的羽生结弦出生于仙台，在都灵获得金牌的荒川静香也在此学习过。仙台不愧是日本最初举办花样滑冰的地方。

仙台别称"杜之都"。街边种植的榉树暖意绵绵。早期的仙台平原一带几乎没有什么树木，伊达政宗在建城下町之际，为了防风、防雪、防火，开始在武士的宅邸区种植树木。政宗是一位不断尝试新鲜事物的战国大名，例如他打造了日本最长的运河，还将支仓常长派往西班牙。宫城将帅气、潇洒的男子称为"伊达男"，传说是因为政宗带领的士兵们穿着都非常别致。

如今无论在哪个城市，都能看到路边树木的灯光秀、车站大楼与空中连廊一体化的整洁的街道建设……而仙台在全国是最早开始尝试这些设计的地方。这里给人一种时尚大都会的感觉。此外，街头的爵士表演活动也是从仙台开始流传开来的。

宫城县的与众不同：

①仙台是烤牛舌、中华冷面的发祥地。

②因超豪华物品而出名的"仙台初售"，是经公平贸易委员会特别审批的商业行为。

③鱼糕产量、消费量全国第一（2015年数据统计）。

宫城县的地理概况和气候条件

宫城县位于东北地区的中央部，东靠太平洋，西连奥羽山脉。

仙台平原位于太平洋沿岸至奥羽山脉的山脚下，这里因盛产大米而闻名，大米品牌有"Sasanishiki""一见钟情"等。还有一些传统水果及蔬菜，例如草莓、梨，日本产量第一的水芹，仙台弯葱，等等。高级和牛——仙台牛肉也很出名。

宫城县的三陆海岸海域是屈指可数的世界三大渔场之一，渔业繁盛，盛产鲣鱼、秋刀鱼、金枪鱼等，捕鱼量在全国名列前茅，牡蛎、鱼翅、海鞘等特产品也很有名。宫城县内共有142个渔港，例如气仙沼、石卷港、盐釜港等。松岛湾牡蛎养殖业发达，2013年松岛湾是首个被批准加入"世界最美丽的海湾俱乐部"（非政府组织，以充分利用海湾资源来振兴旅游事业，保护资源，传承生活方式与传统）的。

由于宫城县盛产丰富的农产品、水产品等，因此被称为"宫城食材王国"。

气候方面，按南北划分，北部属于临太平洋三陆型气候，南部属于关东型气候，西部强降雪地区（大崎市强降雪地区）属于日本海气候。按东西划分，东部属于海洋性气候，西部属于内陆型气候。

细分的话，气仙沼市、石卷市的三陆海岸周边的夏季易受山背（春天至秋田一直吹湿冷的东北季风或东季风）影响，较为凉爽，几乎没有酷暑。冬季降雪较少，相对温暖。

登米市、大崎市的仙北地区，冬季寒冷。平原部的降雪少，但受强风影响会出现地吹雪现象。由于冬季日常时间较长，容易引起辐射冷却，最低气温有时会下降至零下15℃～零下10℃。

仙台市、盐釜市、名取市以及仙南地区的沿岸地区，夏季凉爽，冬季温暖。

而仙台市周边受热岛效应影响，冬季最低气温不太可能下降。与北关东地区相比，这里的气温骤降速度要缓慢些，很少会降到零下5℃，降雪也较少。

但仙台市的青叶区、太白区、白石市、川崎町等西南部内陆地区，冬季严寒，降雪较多。

宫城县相关数据：

面积：7,282.22平方公里

人口：2,330,528人（截至2016年6月1日）

人口密度：320人/平方公里

相邻都道府县：岩手县、秋田县、山形县、福岛县

宫城县人的性格特点

潇洒的宫城县男人

宫城县是东北地区唯一一个被列为政令指定都市（是日本的一种行政区制，享有一定程度的自治权，但原则上仍隶属于上级道、府、县的管辖。目前日本有20座城市被列为政令指定都市。——编译注）的地方。其受欢迎程度超出预期，在47个都道府县中名列第13位。与名列第39位的宫崎县相比，受欢迎程度一目了然。

与福岛县相比，宫城县距离东京较远，除拥有100万人口的仙台市以外，其他地方的人，性格也都很豪爽。

就如《新人国记》中写的那样："仙台当时繁荣昌盛，好学京都礼仪教养"，自江户时期初期起，就与上国（京都、大阪相近的畿内国家）相似。的确，仙台自战国时期结束时起就是一座大都市。

对于当地的男人，这里有一种"伊达男"的说法，但现在已很少听到。据说该词来源于仙台藩主——伊达家。

在词典中查一下"伊达"这个词，会发现它具有以下含义：
①豪迈，干劲十足。形容人的性格。
②华丽，让人瞩目。华而不实地装扮外表。

③形容趣味别致。

总之,伊达男是指潇洒的男人、引人瞩目的男人或侠客。

传说丰臣秀吉出兵朝鲜时,由于伊达家臣打扮华丽,惊艳到了在肥前国(今佐贺县)名护屋港集合的人们。想必是大家觉得仙台藩的武士好帅气吧!

在穿着方面花费高,也从侧面说明了这里的人不缺钱。可以说,宫城县是东北地区经济最发达的地方。伊达治理的仙台藩公称所产大米达62万石,实际上超过100万石。

江户时期,江户(东京)所消耗的三分之二的大米均来自宫城,受当地生产情况的影响,大米市场存在波动。这里出产的大米用千石船从石卷港运走,船返回来时会带回来江户最潮流的东西。

千岛寒流(亲潮)与日本暖流(黑潮)相遇的三陆海岸海域,是世界上屈指可数的渔场。

受2011年日本大地震影响而被破坏的石卷、女川、盐釜、气仙沼,曾是渔业的繁荣中心地。金枪鱼、鲣鱼、秋刀鱼的捕获量一直位居日本第一,名物笹鱼糕等渔业产品也位居第一。地震灾后,虽一段时间内不再位居第一位,但经过休整恢复,已重新位列榜首(2015年数据统计)。由于平时可捕获农水产品,当地人们的生活也颇为富足。

与其他东北各县相比,这里气候较为温暖,几乎不降雪。这里的人民性格豁达、开放,善交际。

喜新厌旧

虽说仙台是座大城市,但是与首都东京比起来,归根结底还是一个地方城市。在战前日本,是否有高等学校成为衡量该地区文化水平的标准。其中被称为 Number School(从一高到八高)的高等学校开设时间较早,有这种学校的城市就代表比其他城市的文化先进些,当地居民也有十足的自豪感。

日本的第一高等学校设在东京,第二高等学校位于仙台。东北地区除仙台以外,还在弘前和山形设有高等学校,但无 Number School,且开设时间也比第二高等学校晚了二十多年。

另外,旧日本军第一师团设在东京,第二师团设在仙台。一般大家都认为,东京第一,第二是大阪或者京都,但其实第二是宫城县的仙台。尽管如此,宫城还是无法与东京匹敌,宫城人与其他东北县的人做对比时,自身优越感较强,但与东京相比时就有些自卑了。

宫城县是一座城市化的都市,在问卷调查中有一项"您是否想过一种稳定的、一成不变的生活",选择"是"的人比例最低。

一般越住在大城市的人,对该问题给予肯定回答的比率越高。宫城人追求新奇与变化,喜新厌旧,这个特点与东北其他县明显不同。

可能也正是因为这个原因,宫城人的创新力极强,比如最受欢迎的中华冷面。一到夏天这里的拉面销量就会下降,于是仙台市内中国餐厅的老板便开始研究新菜品。

牛舌的发祥地也在仙台。二战结束后不久，仙台驻有美军部队，他们每天吃大量牛肉，但不吃牛舌和牛尾部分，因此有些人把目光放在了牛舌和牛尾上。

盐烤牛舌、牛尾汤，再加上薏仁米组成的套餐，在当地广受好评。现在中华冷面、盐烤牛舌已成为日本名小吃。

先前还有一项调查"您认为您的工作辛苦吗？"宫城县回答"辛苦"的人比例位居全国第四，第一位是东北地区的青森县，第二位是石川县，第三位是岩手县，都是有降雪的地方，气候条件相对恶劣。与此相比，宫城县气候相对温和却排名靠前，不得不让人认为宫城人有点懒。

确实，宫城人一般不喜欢忙忙碌碌，向往悠闲的生活，不争强好胜，即使失败也不会懊悔，缺乏反抗意识，易放弃，更喜欢玩乐。

仙台的城市氛围一直很好，去过的人给予的评价是"宜居""想要在这里居住"。

戊辰战争时，为了会津藩、庄内藩的"朝敌"赦免请愿而结成的奥羽越列藩同盟，其盟主就是仙台藩，但因战局恶化而过早地退出了。这可能与伊达者精制、豪爽的生活方式相关吧。

伊达氏也曾贫穷过

拥有绝对权力的仙台藩伊达氏也曾贫穷过。

由于戊辰战争战败，津贴显著减少。伊达氏家臣考虑到若这样下去难以维系生活，便移居到了北海道，移居的地方就是现在的伊达市。

当时北海道还被称为虾夷地。移居的地方究竟会怎样？当时是预测不到的。但如果不这样做，就无法保全这个藩，因此不得已而为之，尽可能将所有迁移过去。对未知的未来抱着积极的态度，这不就是宫城人良好性格的体现吗？伊达男带来的精神可能很大程度上促进了当地的发展。

纵观整个酒类，仙台的人均消费量不算多（名列第11位，2013年统计数据），但威士忌的消费量却仅次于东京，名列第二，而且消费量超过全国平均五成以上，因此可以说他们是真的喜欢威士忌。

日本人喜好的酒种类好像发生了很大的变化，如烧酒、红酒、发泡酒等，而对这些几乎一成不变的就是宫城人。这种专一、保守，不得不说是东北人的特点。

宫城县的重要数据和知名人士

宫城县在日本名列第一的几个领域

领域	数据
鲨鱼捕获量（2014年）	15,603 吨
马林鱼捕获量（2014年）	3,292 吨
大天鹅栖息数（2014年）	15,400 只

注：数据来源于《渔业、养殖业生产统计》《水禽类栖息调查结果》

宫城县出身的名人

政界：

  伊藤宗一郎（加美町）

  大石武一（仙台市）

  三塚博（美里町）

安住淳（石卷市）

伊藤信太郎（加美町）

小野寺五典（气仙沼市）

樱井充（仙台市）

土井亨（富谷町）

中野正志（盐灶市）

商界：

长井胜一（盐灶市），青林堂创始人

松田公太（盐灶市），Tully's Coffee Japan 创始人

松田咲实（栗原市），Artsvision、I'm enterprise 创始人

相马黑光（仙台市），中村屋创始人

文化界：

恩田陆（仙台市），作家

边见庸（仙台市），作家

宫藤官九郎（栗原市），剧作家

五十岚三喜夫（加美町），漫画家

石井隆（仙台市），漫画家

石之森章太郎（登米市），漫画家

大友克洋（登米市），漫画家

熊谷 SATOSHI（仙台市），漫画家

朝间义隆（仙台市），电影导演

梅原猛（仙台市），哲学家

宫台真司（仙台市），社会学家

秋山 CHIE 子（仙台市），评论家

残间里江子（仙台市），制片人

生岛淳（气仙沼市），体育记者

高桥资祐（石卷市），动画制作人

丸山正雄（盐灶市），动画制作人

演艺界：

弗兰克永井（松山町），歌手

凉风真世（仙台市），演员

铃木京香（仙台市），演员

中村雅俊（女川町），演员

篠裕子（仙台市），演员

菅原文太（仙台市），演员

稻垣润一（仙台市），音乐家

南宽康（栗原市），创作歌手

高桥乔治（栗原市），歌手、演员

森公美子（仙台市），歌剧歌手

游佐未森（仙台市），创作歌手

胜俣州和（仙台市），演员

狩野英孝（栗原市），演员

马吉审司（气仙沼市），魔术师

体育界：

三宅义信（村田町），举重运动员

相原和友（仙台市），东北乐天金鹰棒球队队员

阿部俊人（仙台市），东北乐天金鹰棒球队队员

伊藤祐介（仙台市），福冈软银鹰棒球队队员

岸孝之（仙台市），埼玉西武狮棒球队队员

由规（仙台市），东京养乐多燕子棒球队队员

星孝典（名取市），埼玉西武狮棒球队队员

远藤康（仙台市），鹿岛鹿角足球俱乐部队员

今野泰幸（仙台市），大阪钢巴足球俱乐部队员

丹野研太（仙台市），大阪樱花足球俱乐部队员

福原爱（仙台市），乒乓球运动员

羽生结弦（仙台市），男子花样滑冰运动员

宫城县特有的风味美食

仙台杂煮

全国各地的各类杂煮中,较为有名的是仙台杂煮,里面加有海鲜、山野菜。其做法如下:将松岛湾虾虎鱼烤成小鱼干,取其鲜汁,放入萝卜、胡萝卜、牛蒡,然后用酱油入味冻豆腐,放上虾虎鱼鱼干、年糕、芹菜、鱼子、鸣门鱼糕等,浇汁,美味可口。

宫城毛豆泥糕

"豆打"就是毛豆的意思。"毛豆饼"就是将毛豆捣碎,用毛豆泥做成的糕。它是年中仪式以及庆典时不可或缺的传统料理,仙台著名美食之一。宫城不仅有宫城大米,还有粽子饼、坚果饼、纳豆饼、生姜饼、芝麻饼等多种饼。

烤牛舌

宫城县是牛舌料理的发源地。牛舌就是指牛的舌头,制作牛舌最初是为了不浪费在二战结束以后美国士兵不吃的牛舌和牛尾。据说,烤牛舌这种美味的牛舌吃法,是由去仙台出差的商务人士传递到全国各地的。

烤牛舌

紫苏卷

仙台味噌最早是伊达政宗在仙台城(青叶城)下开设味噌制作的,用麦芽和大豆制作辣味味增而来。在味增中加入白糖,味道甜辣适中,然后用紫苏叶包起来进行烘烤。夏季是紫苏叶收获季节,很多家庭主妇都会做紫苏卷,除了将其作为配菜,还可作为下酒菜、饮茶小品。

中国游客不可错过的宫城景点

东北大学片平校园

鲁迅被称为"近代中国之父",他是著名的小说家、翻译家、思想家,成就显赫,1904年9月至1906年3月曾在仙台市的东北大学(当时的仙台医学专门学校)留学一年半。鲁迅上课的教室目前命名为"鲁迅阶梯教室",保存至今。1998年11月29日江泽民访日时,曾到访此处。据媒体介绍,江泽民还在鲁迅先生常坐的座位上坐过,颇为感慨,缅怀鲁迅。校园内建有鲁迅雕像,还有对外公开的东北大学史料馆,在馆内可浏览鲁迅当时学习的照片。

仙台市博物馆

仙台市中心部西侧的广濑川右岸边上的青叶山公园内有一处博物馆。该馆建在江户时期仙台城三之丸的用地上。馆内庭院中建有"鲁迅之碑",上面刻有中国近代文学、历史文学先驱者郭沫若的手写题字。

龙岛院

  曹洞宗寺院——西湖山龙岛院位于仙台市西南方的村田町。庭院深处涌出的泉水形成瀑布，名为龙门瀑布。瀑布的名字"鱼跃龙门"源于中国黄河龙门瀑布。这里的四季风情种种，静幽怡人。

与中国各省市结成友好城市的行政自治体

宫城县——吉林省

宫城县与吉林省在缔结友好城市之前,县町所在地仙台市与吉林省的省会长春市于 1980 年已缔结成友好城市。各自的地理位置都是位于本国东北地区的中心,也是一种缘分。1982 年吉林省副省长担任团长率吉林省友好访日团访日,1984 年宫城县知事担任团长率中日友好宫城县农业考察团访华,不断地深入交流,迎来了友好合作的契机。1986 年宫城县县议会上决定尽快与吉林省签订了友好省县协议,1987 年 6 月正式签订。

仙台市——长春市(吉林省)

希望与中国城市建立友好关系的仙台市与中日友好协会、中日文化交流协会等协商,希望与本市特点相似的中国东北地区城市建立友好城市关系,1979 年中日友好协会推荐长春市。

的确可以说日本东北地区最大的城市与位于中国东北地区中央位置的著名历史名城长春市是完美的组合。1980年，双方经协商，制作备忘录，同年10月签订了协议。

石卷市——温州市（浙江省）

1984年市民团访华之际，石卷市市长提出与浙江省内城市缔结友好城市的希望，当时被推荐的是温州市。结合实地考察，浙江省与温州市良好对话，达成签订协议，同年10月举行签约仪式。2005年4月，旧石卷市与周边六町合并，成立新的石卷市。为了继续延续友好城市关系，温州市也同意于同年11月再次交换了合作文件。

气仙沼市——舟山市（浙江省）、吉林市昌邑区（吉林省）

气仙沼市与舟山市的关系有过很长一段历史。1753年传兵卫担任船夫的气仙沼的小货船——春日丸，在舟山群岛漂流上岸，受到热情的款待。1841年嘉兵卫担任船夫的观音丸也被救助。

两市都是水产业发达，1986年气仙沼渔业协会就考察过舟山市渔业协会，那时就已经有民间层面的友好交流，之后发展到国家政府层面。

双方代表团不断互相访问、接受研修生派遣，1995年为促进友好城市的缔结，交换了协议书。由此双方友谊进一步加深，1997年10月正式成为友好城市。另一方面吉林市昌邑区于2009年继续与纳入气仙沼市的本吉町成为国际友好城市。1996年双方在本吉町成立中日友好协会，继续民间友好交流事业，吉林市提议与昌邑区成为友好城市。2001年中日友好协会出资援建李屯本吉小学，2002年双方正式签订了友好城市协议。

登米市——无锡市惠山区（江苏省）

2005年4月，九个町合并成为一个登米市，并延续了南方町和无锡市惠山区之前缔结的友好关系协定书。最初，1985年迎来35周年的南方町农业合作社青年部拜访了无锡县红旗乡（今华庄镇）。第二年起，为培养农业接班人，町与农协共同举办，多次访问中国。另一方面，访日团、研修使节团也到访南方町，友谊进一步有所加深。在町制实行40周年、中日友好交流20周年时，于2004年签订了友好关系协定书。

大崎市——郑州市金水区（河南省）

大崎市与郑州市金水区的友好交流源自鹿岛台町签订的协定书。1992年，亚洲年轻人交流活动越来越频繁，越来越多的日本人希望与国外特别是中国能进行交流。同年"青年船友会"考察北京、郑州、西安、上海，了解到郑州自古以来颇受水害影响，有多次与水抗争的历史事件，郑州以栽培、种植水稻为中心，将蔬菜、果树、园艺等农业作为基础发展产品。由于郑州与鹿岛台町的历史、产业以及风土人情颇为相似，因此友好交流得以进一步发展，终于 1994 年完成协议签署。

柴田町——丹阳市（江苏省）

以 1983 年宫城县举办的专机访华团友好访问活动为契机，宫城县将柴田町介绍给江苏省镇江市。之后政府与民间一直良好互动，多次派遣访华团。期间也接收医疗学员、乒乓球技术指导、留学生等，进行广泛的交流。基于这些成绩，镇江市将管辖区域的丹阳市介绍给宫城县。1992 年作为终身体育国际交流事业，柴田町向丹阳市派遣中学长跑接力赛团队，以此为契机，柴田町的访华团也拜访了丹阳市。丹阳市亦感受到友好交流的诚意，1994 年 2 月举办了友好城市签约仪式。

美里町——长清县（山东省）

1995 年町长与町议会会员访问长清县，并提出友好交流的提案。次年，美里町接待长清县的友好访问团，签订了友好城市议定书。

六 山形县

吃苦耐劳,勤俭节约,阿信精神。

简　介

说起山形县人，很多人都会想到"忍耐""耐心"等词语，这大概是受 NHK 历代最高收视率的《阿信》的影响吧。该剧讲述了出生在贫苦农家的阿信，经过奋斗努力成为百货店企业家的历程，她坚韧不拔的精神感染了很多人。至今该剧已在 64 多个国家和地区公映。

虽然这里异常寒冷且降雪多，但双收入家庭比例位居全国第一。三世同堂的家庭较多，家人间相互鼓励扶持、关系融洽，这一点让山形人引以为傲。

然而日本海沿海地区与内陆的山区的居民，性格上存在一些差异。沿海地区是奈良时代（710 年—794 年）许多近畿的人为了开垦土地而来到这里。而到了江户时代，上方的商人通过北前船进入酒田，并带来了京都、大阪的文化。他们明朗、善交际、特别擅长做买卖，对后世影响深远。

内陆地区的人性格多儒雅、温和，还有一股忠义劲儿，是由于他们一直对西乡隆盛报以感激之情，因为西乡隆盛在戊辰战争最后对抵抗新政府的庄内藩时采取了宽容政策。

山形县的与众不同：

①家庭平均人数位居全国第一。

②"藤"字姓氏较多，因此与京都的藤原氏渊源深厚。

③拉面店与人口的比例在日本排名第一。

山形县的地理概况和气候条件

山形县位于东北地区的西南部,西邻日本海,东侧以奥羽山脉为边界与宫城县相邻。旧国名中由羽前与羽后的一部分构成。

山形县西部朝日连峰耸立,县内85%均为山地。总面积的75%为森林,农业用地仅有15%。县内居民大多数居住在最上川流域,最上川是一条穿过山形县中央的"母亲之河"。

山形县地形与人脸形状相似:庄内形状好似前额与嘴巴,最上形状好似头顶,村上形状好似耳朵与脸颊,置赐形状好似下巴。

这里七成以上的农作物为大米,与宫城县及北邻的秋田县、新潟县齐名,一直是盛产水稻之县,如今还是"果树王国",全国闻名。这里还有著名的高级樱桃品牌——佐藤锦,葡萄也很出名。

畜牧业也较为发达,置赐地区是屈指可数的日本三大和牛——米泽牛的产地,庄内地区是三元猪的产地。酒田市还有养猪试验场。

全县属于日本海气候，虽存在部分例外区域，但与秋田县一样，整个山形县约90%的地方均为强降雪地区。

与日本海相邻的庄内地区是一年四季县内气温最高的地方。从维度上看属于温暖地带，从一年的平均气温来看，几乎与关东及东京都的西部内陆地区一样，夏季进入热带夜后越来越闷热，但日照时间非常短。

冬季气温偏高，即使降雪也会立刻融化，因此积雪量并不多。但在贺刚市等地方，某些年份偶尔会突降暴雪。

内陆地区属于内陆型气候，冷热温度差较大。在置赐等地方，气温最低可降至零下15℃。尽管夏季非常炎热，但空气干燥，早晚凉爽，与庄内地区相比，热带夜较少，但从春至夏易发生焚风现象，还经常会出现酷暑天气。

近些年来，熊谷市（埼玉县）、多治见市（岐阜县）等都多为酷夏，而1933年7月25日在山形市观测到的40.8℃，持续74年保持着日本气温的最高纪录，直至2007年8月16日被熊谷市、多治见市的40.9℃打破纪录。最新的日本气温最高纪录为2013年8月10日四万十市（高知县）创下的41.0℃。

山形县相关数据：

面积：9,325.15平方公里

人口：1,114,186人（截至2016年6月1日）

人口密度：119人/平方公里

相邻都道府县：宫城县、秋田县、福岛县、新潟县

山形县人的性格特点

有耐心，坚韧不拔，勤俭节约

秋田县有一句俗话"娶妻一定要娶山形女"。与美女产地秋田县相比，山形的女性多少有一些相形见绌，但她们爱劳作、踏实可靠、勤俭节约，是丈夫的贤内助。

山形县劳动人数较多，双职工家庭比例位居全国第一。拥有65岁以上老人的家庭比例（51.77%）、普通家庭平均人数（2.94人）均位居日本第一。

电视剧《阿信》首映时间为1983年。该剧讲述了一名出生在贫穷农民家庭的叫作"阿信"的姑娘，她七岁时被送往日本海沿岸酒田屋做帮佣，饱受欺压，并与生活抗争，经历关东大地震、第二次世界大战的洗礼，不断成长并走向成功的故事。

该电视剧上映时期是日本经济高速增长的时期。那时候日本为完成一个大目标，仿佛身处一个大漩涡之中，正好其内容给出了一个范本：应该这样生活下去。可能故事引起大家共鸣，创下了平均收视率 52.6%、最高收视率 62.9% 的惊人纪录,已载入电视剧历史史册。

在获得巨大成功之后,该剧还先后在中国、埃及等海外播出,特别是在发展中国家引起很大的反响,因而"阿信"成为了一个正能量的国际代名词。故事主人公阿信坚韧不拔、不屈不挠,正是山形人最大的特点。

说起这个,有人可能会想起米沢藩主上杉鹰山,只是鹰山本身是日向国(今宫崎县)高锅藩主的儿子。

鹰山出生于南国,他勤劳可靠、坚韧不拔,刚出任这里的藩主时,便很快察觉到当地人的脾性,于是发布了"大俭执行令",缩紧财政。鹰山的法令很快被采纳,有效推进殖产兴业(日本在明治维新时期提出的三大政策之一)新田开发工作,在藩的财政整顿方面也取得成功。

此外,上杉鹰山的老师细井平洲(江户时代后期的儒家)是尾张(今爱知县)人,所以在勤俭节约这方面对他产生了一定的影响。

不一样的酒田与鹤冈

山形人身上只有勤劳、耐心、顽强这些优点吗?当然不是。

以阿信做帮佣的酒田为中心的庄内地区,人们的性格就有很大的不同,有时候会让你不可思议:真的是同一个山形县的人吗?

自 1672 年河村瑞贤开辟环西海岸的航线以来,酒田就成为日本海的交通要塞,从而繁荣昌盛。以庄内大米为首,用船将红花等地方特产从这里运往上方,而负责结算这些交易的人就是"富商三十六人众"。

酒田其最出色的望族就是本间家,当时有句俗话"当本间老爷是不可能的,不过一般的老爷还是很想当的"。本间家创造了巨大的利益,其担任町年寄(主持町地行政事务的町官),为藩的财政改革中发挥了重要作用。

经济繁荣的酒田从很早时期就呈现出了良好的文化发展。在町内,当时大阪方言杂乱,时至今日还有人认为大阪语言留有当时的痕迹。

30多年前,还没有出现"美食"这个词时,在酒田市内的某个酒店里就可以吃到美味的法国菜,在当时引起了不小的轰动。自江户中期起,北前船(今北海道东北北陆与关西以西相通,运送各种特产的船只)的停泊港——酒田就不断接受来自上方的最新事物,一时间成为走在时代前沿的地区。

这样一来,势必就会形成一个积极吸收外来新鲜事物的平台,就好比在这里可以吃到法国菜。如今的酒田也是法国餐厅较多。

由于酒田自古以来就受到城市文化的熏陶,因此有人说酒田人虚荣,宅院的设计大方气派,不像东北的风格。

山形县新建自有住房建筑面积领先全国。婚丧嫁娶亦较为隆重,当地有种戏言"如果有三个女儿,那么差不多就要破产了"。

虽位于相同的庄内地区,但南邻的鹤冈却与酒田不同。简单点形容,如果说酒田像大阪,那么鹤冈就像是京都。

鹤冈人好学、脚踏实地，与1622年被信州松代（今长野县）任命的酒井在明治维新前管理工作到位不无关系。

可能是因为鹤冈有文武兼备的藩校 致道馆，整个町都随时随地都洋溢着学术气息。

山形县创作人才辈出，有时代小说家藤泽周平，获芥川龙之介奖的作家丸谷才一，获直木奖的作家佐藤贤一，还有主张日本主义的评论家高山樗牛等。

地区差异较大的原因

江户时代初期，山形县是由山形（最上氏）、米泽（上杉氏）、庄内（酒井氏）、新庄（户沢氏）、上山（松平氏）五个藩组成。

其中酒田、鹤冈等庄内地区属于日本海文化圈，而以山形为中心的村山地区、以米泽为中心的置赐地区、新庄等最上地区属于太平洋文化圈。

由于山形地处内陆，提到太平洋会让人略显惊讶，其实从山形到仙台，乘坐JR（仙山线快线）仅需一个多小时。

虽说与仙台近，内部地区的县都、山形市在江户时期一共13次更换藩主，所以缺乏统一性。至少我们知道有"Yassho, Makasho"（呼喊声）的花笠音头节日。

在流过山形市内的马见崎川的河床上，每年都会举办以直径六米的大锅（锅太郎）闻名的例行活动"日本第一煮芋头大会"，近年来很多游客慕名而来。一次制作30万份芋头，活动场面恢弘壮观。

以米泽为中心的置赐地区在一段时期内处于伊达的管制，会让人感觉到有一种类似于仙台的非传统气息。这里受盆地地形影响，昼夜温差较大，冬季受来自日本海的季节风的影响，会出现强降雪天气。

最上区域与村山区域的任何一个地方都是强降雪地带，因此人们不太外出，也很少对外来事物感兴趣。

实际上，新庄与山形、米沢均是盆地，在近代交通设施完善之前都是独立发展的，相互之间在很长一段时间缺乏交流，关系也不太好。特别是山形市没什么特征，却能成为县都，很多时候会被非议。

但最上川却表现得无所谓。最上川的地域较特殊，流域横跨县内五个藩。可以说山形人是靠这个联系起来的。在人类社会中，河流文化发挥着不可思议的作用。

"与耸立俊秀的山峰相比，用河流比喻人类情感时，多采用坚韧不拔、孜孜不倦、气势磅礴、胸怀大量等。"牧口常三郎（《人生地理学》）曾指出河流的影响力，山形人的特点总体来说就是有耐心、坚韧不拔。

心怀伟大梦想，不惜为目标拼搏流汗。东北人一般都这样，但因为不太擅长自我推销，所以最初会给人一种冷漠的感觉。

甚至可以说连小偷都爱住这里。山形人善良、诚恳，这是在当地社区与多人家庭生活环境中培养出的一种优秀品质。稳重、诚实、不善变，是广大日本人的特点。日本著名导演大宅壮一也曾如此评价过山形人。

在东北地区，与青森县和秋田县相比，山形县位置偏南，冬季气温相对温和。

当地人的最大消费是买车买房

山形人特爱劳动，喜欢稳定的生活。在"您觉得工作辛苦吗"的调查中，回答"是"的人位居全国第43位（NHK全国县民意识调查），"就算生活富足，也要工作"的人位居第八，由此我们可以看出山形人的勤恳耐劳。

孩子、父母、祖父母三代所有成员都在工作，这种情况在山形县并不罕见。

回答"即使穿着不够时尚也不会介意"的人数排名第二，似乎山形人不太爱消费。

山形人唯一花钱的地方在车和房子上。平均每个家庭的汽车保有量为1.674台，排名全国第三（2014年3月数据统计）；住宅拥有率75.9%，位居全国第四，均偏上。

哪怕自然环境再恶劣，劳动型的山形人也不会抱怨，都会努力工作，然后把大部分钱都花在家庭用车和住宅上。

还有一项这样的调查。日本47个都道府县中，山形县出社长的比例最高。各都道府县出身的社长人数分别按总人口的比例划分后，山形县出社长的比例为1.331%，排名日本第二，是最后一名埼玉县（0.26%）的五倍之多。

在当今竞争激烈商业环境下，吃苦耐劳、坚韧不拔、热爱劳动的山形人更适合这个时代和环境。

山形县的重要数据和知名人士

山形县在日本名列第一的几个领域

领域	数据
拉面店数量（2013年）（每10万人）	817家
酱油消耗量（2008年）（每户）	11,137毫升
糕点店数量（2012年）（每10万人）	608家
三代同堂人数（2010年）	444,486人
汽车销售店数量（2014年）（每10万人）	173家
野生真鲷捕捞量（2013年）	440吨

山形县出身的名人

政界：

　　鹿野道彦（山形市）

　　加藤鲇子（鹤冈市）

和嶋未希（酒田市）

铃木俊一（大江町）

商界：

新田嘉一（酒田市），平田牧场创始人

文化界：

土门拳（酒田市），摄影师

藤沢周平（鹤冈市），作家

长冈弘树（山形市），作家

丸谷才一（鹤冈市），作家

浜田广介（高畠町），作家

小川糸（山形市），作家

鸣海丈（米沢市），作家

深町秋生（南阳市），作家

齐藤茂吉（上山市），医生

本田猪四郎（鹤冈市），电影导演

村川透（村山市），电影导演

安彦麻理绘（新庄市），漫画家

冈田理知（新庄市），漫画家

河合单（山形市），漫画家

樱多吾作（上山市），漫画家

制野秀一（山形市），插画家

冨樫（新庄市），漫画家

冨樫义博（新庄市），漫画家

长冈良子（朝日町），漫画家

星野泰视（上山市），漫画家

小池健（上山市），动画导演

设乐博（村山市），动画导演

平田敏夫（天童市），动画导演

演艺界：

佐藤正宏（天童市），演员

青木裕子（高畠町），演员

佐藤唯（寒河江市），演员

椎名令恵（山形市），演员

七生奈央（米沢市），演员

成海朱帆（东根市），演员

大泉逸郎（河北町），歌手

大塚文雄（河北町），歌手

体育界：

粟原健太（天童市），东北乐天金鹰队队员

长谷川勇也（鹤冈市），福冈软银鹰队队员

下妻贵宽（酒田市），东北乐天金鹰队队员

横山雄哉（中山町），阪神虎队队员

石川直也（庄内町），北海道日本火腿斗士队队员

青木陆（山形市），广岛东洋鲤鱼队队员

土居圣真（山形市），鹿岛鹿角队队员

菅井直树（山形市），仙台维加泰队队员

渡部博文（长井市），仙台维加泰队队员

佐佐木则夫（尾花沢市），前足球女子日本国家队主教练

山形县特有的风味美食

煮芋头

煮芋头是人们在稻田收割时在野外制作的乡村美食。其由来，有人说是在农历八月十五时（也叫"芋名月"）用芋头进行供奉的农业仪式，当然也有其他说法。

因地域不同，其制作方法也有所不同。内陆地区是加入牛肉的酱油味道，在河床附近制作；日本海侧的庄内地区是加入猪肉的味噌味，在海边制作。

OMITSUKE（腌菜）

制作腌菜的最初缘由是珍惜食物，发明于江户时代初期，即食材较为匮乏的时代。由于一名移居山形的近江商人将这种美食流传开来，因此当地腌菜也叫作近江腌菜，后来又演化成 OMITSUKE 这个名称。

酱油乌冬

这是在酒田附近的婚丧嫁娶中一定会出现的一道食物。但是在婚丧仪式上，所采用的食材不同。

喜事时，在乌冬上加入鳟鱼或鲑鱼片和煮鸡蛋，浇上甜葛根汁，以及生姜末；丧事时，采用的配料是芝麻豆腐或睡莲根，以及研碎的毛豆。

中国游客不可错过的山形景点

松高山大圣寺

松高山大圣寺位于高畠町龟冈,也称为龟冈文殊的真言宗智山派的寺庙,与安倍文殊院(奈良县樱井市)切户文殊(京都府宫津市)齐名,是日本三大文殊之一。

传说807年,当时最早是奈良的东大寺住持德一上人受平城天皇之命,将中国五台山传过来的文殊菩萨移至该地。

宝珠山立石寺

山形市内天台宗寺院建有著名俳句诗人松尾芭蕉的名句"蝉噪林愈静,鸟鸣山更幽"的字碑,该寺也通称为山寺。

传说该寺于860年建造,堂内的"不灭灯"是在开山时从比睿山延历寺分过来的。该法灯最早是由传教大师最澄从中国天台山传到比睿山延历寺的,在将近1200年的历史长河中从未熄灭过。

宝珠山立石寺一角

玉川寺

玉川寺位于鹤冈市羽黑町的曹洞宗寺院。春季樱花，初夏杜鹃花、七重草、玉蝉花，秋季胡枝子、秋牡丹，每个季节盛开不同的花种，也被称为"花之寺"。

玉川寺是法明禅师于1251年开山创建的。法明禅师生于高丽，曾在中国浙江杭州的径山寺修行，后来在日本定居。

该寺花簇环绕，七重草环绕，来者赏心悦目。七重草属于樱草科，高度约50厘米。由于多层盛开的花姿与佛教寺庙屋顶上的"九轮"相似，因此而得名。

馆山寺

馆山寺位于米沢市馆山的曹洞宗，始建于1533年。

传说，坐佛虚空藏菩萨是伊达政宗从中国灵山请过来的。洛阳郊外的嵩山少林寺也有一幅达摩大师"面壁九年"的修行版画。

与中国各省市结成友好城市的行政自治体

山形县——黑龙江省

1990年，大石田町与黑龙江省的方正县签订了友好城市协议，1992年长井市与同省的双鸭山市缔结友好城市协议。同年开通了从同省的哈尔滨途径松花江、阿穆尔河（黑龙江）、日本海抵达酒田港的水上丝绸之路，进一步促进了双方的经济交流。在建立友好合作关系的大环境下，1993年8月山形县与黑龙江省成为友好县省。

山形市——吉林市（吉林省）

两市地理位置不仅都位于各自国家的东北地区，周边还有群山环绕的盆地，而且山形市有藏王山的冰霜覆盖的树木，吉林市有雾凇等，自然资源丰富，相同点较多。1981年中日友好山形县自治体联盟访华之际，对成为友好城市进行了会谈。同年山形市市长担任中日友好山形市民翼访华团团长率团访华，会见吉林市市长，双方决定吉林市农业项目商谈组访问山形，山形市派遣员工参加吉林省进出口商品洽谈会，等等。而且白 1982 年起历经二年时间，山形市可接收吉林市农业研修生。随着交流的深入，1983 年 4 月双方签订了友好城市协议。

鹤冈市——尚志市（黑龙江省）

由于山形县与黑龙江省已经是友好省县，因此双方之间的经济交流非常繁盛。温海町希望与哈尔滨近郊的城市建立友好交流关系。为响应该需求，尚志市于 2000 年 10 月与鹤冈市签订了友好合作协议。2005 年温海町并入鹤冈市，与尚志市的合作延续进行。

酒田市——唐山市（河北省）

1976 年 7 月唐山市发生 7.5 级的大地震，24 万人受灾。同年 10 月，酒田市因大火烧毁房屋 1700 栋。两地均遭受了严重的苦难。但酒田市和唐山市分别以"抗火灾城市""抗震城市"为目标，自强不息，灾后重建顺利完成，对两市的交流产生了一定影响。1987 年 2 月唐山市副市长担任团长率领一行五人访问酒田市之际，就国际化的两个城市之间如何进一步通过交流加强相互理解交换了意见。双方的友好交流活动频繁开展，除友好协会相关人士外，还有很多市民到访唐山市。酒田市还接收了很多来自唐山市的农业技术研修生，在工业及经济等方面进行交流。受到与唐山市友好城市的积极影响，1990

年 5 月市议会领导担任团长率领市代表团访问唐山市。同年 7 月唐山市市长访问酒田市，双方正式签订了友好城市协议。

长井市——双鸭山市（黑龙江省）

随着两市市长相互访问、派遣考察团，召开物产展示会，以及接收日语研修生等交流活动的深入，为进一步加强两市市民关系与中日友好关系，1992 年 5 月双方签订了友好城市协议。

天同市——瓦房店市（辽宁省）

自 1980 年代起，天童市的食品加工公司就从瓦房店进口原材料，并接收研修生。1994 年该公司在当瓦房店设立工厂，两地市民之间的友好交流得以进一步加深。2002 年 2 月，瓦房店副市长到访天童市。双方就友好城市合作进行协商，达成初步合作意向，后在公民议会以及市议会上通过签订友好城市协议表决，2002 年 5 月正式签约成为友好城市。

南阳市——南阳市（河南省）

1967 年宫内町与赤汤町合并而成的南阳市，该名称是当时的县知事取自中国故事《南阳乃菊水》。由于地理条件很相似，双方以 1984 年 "中国南阳市访问会" 为契机，推进了友好交流。两市的代表团也有互相访问，双方了解进一步加深。随着关系越来越密切，为了两市的长足发展，1988 年 10 月两市签订了友好城市协议。此外，双方还通过乒乓球运动促进青少年交流，加深双方友谊。

大石田町——方正县（黑龙江）

1987年8月，当时的大石田町农协组合领导担任团长，首次访问方正县，之后两地的人员交流进一步加深。1990年2月，双方签订了大石田町与黑龙江省方正县友好交流协议，友好交流基石进一步得到稳固。

七 福岛县

朴实刚强,有正义感,有人情味儿。

简 介

若在网络上搜索与福岛县有渊源的名人,频繁出现的是"父亲是会津藩士""母亲是会津藩士家族"这样的句子。"会津"俨然已经成为一个地方品牌代言词。

福岛县位于福冈县的西部,山区的会津地区人口少,交通不便。但在江户时期,流淌着德川家康血液的保科正之担任藩祖披荆斩棘,周边的诸藩都认为会津藩相当厉害。

在名列日本第三的福岛县中,有磐城(平)、相马、二本松、白河、三春、棚仓等多个分支藩,但都很弱小。幕末时期,很多人都关注会津藩的动向。会津人坚韧不拔,重情重义,强烈的正义感颇受好评。

当然福岛县不只是会津。开放、慷慨、淡泊名利的浜通地区(沿海),喜好新鲜事物、擅长经济的中通地区(福岛、郡山),与县中央构成三个区域,地势和人物脾性都大不相同。由于缺乏连接东西的交通枢纽,相对来说独立性较强。不论浜通地区与中通地区的人爱不爱听,现在仍然会让人想起会津的原因可能就是会津的传说。

福岛县的与众不同：

①桃子消耗量全日本第一。

②白河市南湖公园是日本最古老的公园。

③男女初婚年龄最小。

福岛县的地理概况和气候条件

福岛县位于东北地区的最南边,东靠太平洋,北邻宫城、山形,西邻新潟,南接群马、栃木、茨城各县。旧国名为岩代与磐城。

福岛县是继北海道、岩手县之后,面积排名日本第三的县,由于地形、气候、交通以及历史原因,划分为三个地区,分别是夹在越后山脉和奥羽山脉之间的日本海内陆会津地区、夹在奥羽山脉与阿武隈山地之间的太平洋内陆中通地区、夹在阿武隈山地与太平洋之间的太平洋沿岸浜通地区。

该县的主要城市十分有特色,县厅所在地的福岛市是行政功能的集合地,也是日本屈指可数的水果产地。会津若松市古迹较多,以旅游城市而闻名。白河市也是历史城市。郡山市商业和工业发达,岩城市位于沿海,是一个面积较大的工业城市,不仅面积大,还由于地势和海拔不同导致气候差异较大。

浜通沿海部受到黑潮(暖流)影响,冬暖夏凉,易受台风影响。其中岩城市的小名浜周边东北地区最温暖,也是降雪最少的区域。但阿武隈山地属于内陆型气候，日照时间长，因此容易引起辐射冷却，很多时候气温能降至零下10℃。冬季严寒，夏季也有分外凉爽的时候。

中通地区同时存在内陆型气候和太平洋气候。由于阿武隈川流域西侧冬季气压分布较强，受到日本海气候影响会降雪，但在东北地方则很少降雪。福岛市的部分地区属于强降雪地带。

越往北，海拔越低，因此夏季、冬季都会变暖。会津地区是日本海气候，多降雪地区，整个地方都是强降雪地区（一半以上是大规模强降雪地区）。县内最为严寒、海拔较高的地方，有时气温会降至零下20℃以下。只见川流域是日本为数不多的强降雪地区，当地经常利用雪水进行水力发电。

福岛县相关数据：

面积：13,783.74平方公里

人口：1,903,174人（截至2016年6月1日）

人口密度：138人/平方公里

相邻都道府县：宫城县、山形县、茨城县、栃木县、群马县、新潟县

福岛县人的性格特点

传世白虎队的悲剧与忠诚之心

说点我的小故事吧,三十多年前,当我告诉我的父母我要结婚时,我母亲最先问我的问题是:"未来的老婆不会是会津人吧?"

那一瞬间我在想母亲为什么会这么问,但是又想起母亲的家乡是山口县(过去的长州藩)萩市,我就明白了。

确实在幕末时期,负责守护京都的会津藩主松平容保率领新撰组,拼命与勤王派的志士,特别是长州藩抗争,而且蛤御门(禁门)之变时与萨摩藩、桑名藩等一同出兵京都期间,攻打长州藩。之后长州藩受到"朝敌"("朝敌"在日本历史上实际是一个很常见的称呼。政治斗争,双方为了自己所在派系的利益常常指称对方为"朝敌")的屈辱待遇。

对身为长州人的母亲来说,从那时开始,即使经过数百年,长州人也不会喜欢会津人。大概多数山口人都会是这样的想法吧!

可能是因为抱有这样的怨恨，长州藩藩主在戊辰战争时对求饶充耳不闻，彻底出兵讨伐会津，最后受到总攻的会津不得不选择反抗，这才出现了白虎队的悲剧。

在幕末时期，与德川家颇有渊源的会津藩藩主担任过守护京都之职，在爆发戊辰战争后，被新政府认为是旧幕府方的核心势力，成为众矢之的。

为迎战会津决战（会津战争），藩内的武士男子们（15岁—17岁）组成了白虎队。

白虎队的装备不够精良，却抱着誓死的决心，为镇守若松城（鹤城）与新政府军殊死一搏，结果陷入苦战，最后带着受伤人员退至饭盛山。但由于当时白虎队远望被战火包围的若松城，误以为城池已破，全体在饭盛山顶自尽，19人死亡。

之后经过一个月的围困，会津藩投降。尽管如此，会津人还是会在内心深处悼念这些视死如归的英雄少年。少年们虽然装备不够精良，却有组织有纪律，坐怀不乱，让人敬佩。

对于热爱家乡的会津人来说，白虎队并不是一个遥远的故事。直至今日，人们也会经常提及白虎队。他们有着强烈捍卫自己信仰的决心，他们的行为至今仍让人引以为傲。

此外，在若松城的石垣仍能看到当年激战时残留的子弹痕迹。

会津藩之所以如此效忠于幕府，是因为在藩祖保科正之的《家训十五条》中有一句规定"必须效忠于德川将军家"。

在幕末时期，距江户较远的会津也几乎不受其他藩的影响，长时间保持着封建秩序。无论发生什么，会津人都会严守藩祖的遗训，为将军家鞠躬尽瘁是武士的本分，该思想已经根深蒂固。

如今冷战还在持续，会津VS萨长

会津位于边疆，因此有人会居住在山上或山的附近。

以民歌《会津磐梯山》中被唱作"宝山"的磐梯山为首，会津若松市地处几个群山围绕的狭窄的盆地中心。由于是德川家直系的领主在治理，因此此处汇集了很多职能，现在大多数县内的古迹都集中在这个市。

磐梯山也被称为会津富士，入选日本百座名山，山脊棱线很美，但颇显陡峭。会津一带以该磐梯山为首，被会津布引山以及博士山等险山环绕。因此这里与其他地方交流甚少，同时也很少会受到其他地方的影响。

会津冬季较长，降雪多。在与新潟分界的奥只见附近，多因降雪导致交通瘫痪。

即使比较封闭，但这里的人们有耐心、淳朴、真诚、情深意切，都很热爱自己的家乡，有很多人会因为提起白虎队而热泪盈眶。

会津若松市与萩市之间一直处于冷战状态。1996年萩市市长访问会津若松市时，大家都感觉终于要和解了，但最终还是被搁置。根据当时的新闻报道，据说"会津若松市三分之一的市民对长州人印象不好"。

1997年，一个描述会津对长州不满的大众剧目在萩市上映，以此为契机，当时的会津若松市市长在戊辰战争后首次到访萩市，虽然友好握手，但对和解仍持有谨慎态度。

2011年日本大地震，会津若松市市长为感谢对方送过来的捐款与救灾物资，访问了萩市，但当时市长特别指出"这并不表示是戊辰战争的和解"。

即使是不合理的事情，也必须遵守规则，坚守自己的原则。看一下伊东正义（已故）、渡部恒三等会津出身的政治家，就能看出会津人的这种性格。

粗犷却开放的"浜通"性格

福岛县在江户时期被分为几个小藩。其中安土桃山时期（1573年—1600年）蒲生氏乡所治理的会津之后由上杉氏、蒲生氏、加藤氏接管，但1643年来自山形的第二代将军德川秀忠的四儿子保科正之以23万石入封领主。

现在的福岛县，拥有这么多财富的大名（"大名"为日本古时对领主的称呼）无人可比，因此会津成为福岛的代名词。

但不能说会津等同于福岛县。福岛县分为浜通、中通和会津三个区域。

自福岛县的东南部、与茨城边境相接的岩城市，继北侧的宫城县边界，沿着太平洋沿岸的6号国道线一带，就是浜通地区。由于日本大地震引发海啸，该地区造成了巨大的损失，才被世人熟知，多少让人感觉有些悲凉。

浜通有很多渔港。港口城市语言措辞不太讲究，会给人一种粗放的感觉，但也是豁达开朗的表现。就算说的和思考的不一样，也不会打心理战。最初茨城县与千叶县交流的历史较为久远，人们的性格也与关东地区相似，比县内其他区域更加开放。

在港口中，规模最大的是浜通中心城市——岩城市的小名浜。这里除了是渔港，在江户时期还是磐城平藩朝贡米的装运港，与江户的往来较多。由于装载着大米从小名浜港口出发的船只将江户的流行及风俗带回了当地，因此这里的人们比较容易接受外部的新鲜事物抵触感较少。

说起浜通地区，必须提及夏威夷温泉度假村（曾用名：常磐夏威夷娱乐中心）。

19世纪60年代，煤炭产业落寞，常磐煤矿株式会社（今常磐兴产株式会社）为了保住煤炭工人及其家人的就业机会，增加公司的新的收入来源，于1966年开展了代替煤矿的新业务——常磐夏威夷娱乐中心。虽然也几经波折，但目前已经成为一大休闲设施，其中设有温水游泳池、温泉、酒店、高尔夫球场。2006年，一部讲述自1965年矿山关闭后努力打造常磐夏威夷娱乐中心的人物电影《草裙舞女孩》上映，引起了广泛关注。

虽然此地温差较小，但该设施的所在地岩城市是不折不扣的东北地区。在日本煤矿相继关闭过程中，煤炭城市岩城市或许也陷入过绝望吧？

尽管如此，无论是创意、命名，还是将想法付诸行动，浜通人的豁达与勇气总是让人心生敬意。

性格开朗的中通人

位于县中央的地形平坦的福岛郡山中通地区到底是什么样子呢？

虽然中通地区的人多少有点顽固，但大部分都是性格开朗、善于交际的人。到白河，穿过奥州街道后，就距离江户不远了，是福岛县内最有城市感的地方。这里的人民有上进心，乐于接纳新鲜事物。

江户时期的郡山是拥有3000多人口的驿站城市，周围被原始森林所怀抱。但在明治维新不久后，由于政府的士族授产政策（即奖励开垦，贷给授业资金，使他们成为独立生产者），许多西日本各地的士族迁入垦荒地区。特别是很多久留米藩(今福冈县)、土佐藩（今高知县）出身的人，将刀换成锄头，开垦不毛之地，完成朝霞运河。

郡山市及其周边一直以来年降雨量就很少，而且地面是倾斜的，水不易保留，所以荒凉地较多。但最近有猪苗代湖，水源丰富，能够将该水引入郡山以及安积原野，从而确保了农业用水以及饮用水。

该项目有众多士族参与，与当地居民一起合作，仅用五年就完成了安积疏水工程。从猪苗代湖引水的郡山一带，成为重要粮仓之地。

之后利用安积疏水的水力发电事业也取得成功，在国内首次实现远距离输电。由此日本工厂开始入住郡山，公路、铁路网逐渐完善，现代化日趋成熟。

中通地区的人们通过这项安积疏水工程，亲身体会到了新生事物给自己生活带来的改变。

之后郡山市发展成了商业城市，人口已经超过33万（2016年9月数据），县都福岛市人口较多。由于福岛市距离东京较近，因此很多时候人们会忘记它属于东北。

福岛县交通便利，除东北新干线以外，还有东北本线、磐越西线、磐越东线、水郡线等，县内外铁路网发达。南北连接东北地区的东北自动车道及4号国道，连接太平洋岩城市与日本海侧的新潟市的磐越自动车道，得以开通，郡山连接福岛机场，其不仅是福岛县内的交通要塞，还是东日本的交通要塞。

这里还是东北地区南部的商业工业、物流基地，在有道路的地方聚集了人、物、信息，产业的诞生无论何时都是相同的，现在这里已成为县内最大的经济圈。

郡山在经济领域仅次于仙台，位居东北第二位。尽管郡山不是县厅所在地，但有两个电视台和一个FM电台是县内重要的信息发布基地。

中通地区在福岛县内是城市感最强的地方，可能是因为这个原因，这里的居民城市意识也较强。

很早以前，县厅所在地福岛市的奥州街道与米沢街道、羽州街道就分开了。这里也是重要的交通要塞，而且养蚕业、丝绸产业很发达，东北地区第一个日本银行分行就设在此处。

福岛县是有名的水果产地，主要位于福岛市及其周边地区。市内有很多出产桃子、梨子的果园和直销店铺，沿着5号县道从福岛市内的西部到北部被称作"水果路线"，游客众多。但人口方面，郡山市比岩城市少，仅排名县内第三。

福岛县一直以来有一种说法：县厅会迁到郡山市。虽然两所城市之间不存在对立面，但有一种妙不可言的感觉，进退两难。

福岛县作为被划分成多个藩的地方，很难列举出福岛县全县人民共同的性格特点。一定要说的话，就是他们不善言辞、沉着稳重、重情重义、忠诚可靠。

日本的民众性格与地方性正在逐渐消失，但福岛县内却相反，三个地区的差异特别明显。与他人相比，福岛人应该是会有深刻体会的。

在NHK全国县民意识调查中，关于"不会介意穿着过时的东西"的调查，福岛县排第一。在跌宕起伏的世界流行潮流中不多加关注、偏执，这不就是会津人顽强性格的体现吗？

可能他们觉得，比起食物、时尚，还会有更让人愉快的事情吧。

就像唱民歌《会津磐梯山》的小原庄助那样，"喜欢睡懒觉，喜欢早上喝酒，喜欢早上泡澡"，这样的生活方式不仅仅是会津人向往的，也是所有男人都向往的吧？当然，"钱应该都会被花光了"。因为平时一直在忍耐的环境中生活，花钱或许是人们一种发泄压力的方式吧。

福岛县的重要数据和知名人士

福岛县在日本名列第一的几个领域

领域	数据
桃子消费量（2010年）（每户）	15,716克
水果消费量（2010年）（每户）	122,771克
梭子鱼捕获量（2013年）	13,233吨
鱼捕获量（2013年）	46,658吨
切花购买量（2010年）（每户）	16,850日元

福岛县出身的名人

政界：

　　伊东正义（会津若松市）

　　玄叶光一郎（田村市）

　　根本匠（郡山市）

增子辉彦（郡山市）

渡部恒三（南会津町）

商界：

佐藤安太（IWAKI 市），Takaratomy 创始人

中野友礼（三岛町），日本曹达创始人

星一（IWAKI 市），星制药创始人

矢内广（IWAKI 市），PIA 创始人

金田幸三（白河市），Nichirei 创始人

文化界：

高村智惠子（二本松市），画家

玄侑宗久（三春町），作家

小泉武夫（小野町），农学家、发酵学者

长田弘（福岛市），诗人

园谷英二（须贺川市），电影导演

东條昭平（喜多方市），电影导演

高羽哲夫（汤川村），电影摄像师

梅津泰臣（郡山市），动画导演

宍户淳（福岛市），动画导演

新房昭之（桑折町），动画导演

浜津守（郡山市），动画导演

市川昭介（郡山市），作曲家

猪俣公章（会津坂下町），作曲家

汤浅让二（郡山市），作曲家

演艺界：

门仓有希（须贺川市），歌手

红晴美（IWAKI市），歌手

伊东美咲（IWAKI市），演员

梅泽富美男（福岛市），演员

佐藤B作（福岛市），演员

西田敏行（郡山市），演员

体育界：

赤间谦（楢叶町），欧力士野牛队队员

佐藤勇（西乡村），埼玉西武狮队队员

矢贯俊之（西乡村），读卖巨人队队员

铃木尚广（相马市），读卖巨人队队员

八百板卓丸（福岛市），东北乐天金鹰队队员

高桥美保子（福岛市），职业高尔夫球员

横山贵明（浪江町），东北乐天金鹰队队员

小林浩美（IWAKI市），职业高尔夫球员

酒井美纪（IWAKI市），职业高尔夫球员

内田靖人（IWAKI市），东北乐天金鹰队队员

园部聪（IWAKI市），欧力士野牛队队员

福岛县特有的风味美食

老头鱼火锅

岩城市有名的鱼锅被称为"正宗的老头鱼美食"。首先将老头鱼的鱼肝和味增一起炒,注入酱汁以后,做汤,加入七大样(肉、胃、卵巢等可使用部分),与蔬菜一起煮。汤汁入味肝部,香脆可口,食后可使身体发暖,是冬季一道不可多得的美食。老头鱼除骨头以外,其他部分都可食用,鱼皮、鱼鳍都可食用,被称为无浪费的鱼料理。

马肉菜

福岛县是继熊本县、长野县后,马肉产量在全国排名第三。从招牌的马肉刺身、樱花锅开始,马肉煮锅、马排、马肉小火锅等品种较多,一应俱全。

凉饼

这是一种从江户时期传承下来的传统食品,传说始于天明饥荒（1782年—1788年）前后。材料主要是糯米、大米面粉、大米草,色香味俱全,富含纤维素,可常温保存。特别推荐给天然食品爱好者。

山都荞麦面

由于气候适合荞麦生长,因此从古时候开始会津就因生产荞麦而出名,当地有一种品牌就是山都荞麦面。不使用黏合剂的荞麦面粉做成100%的白色荞麦面,顺滑美味。每年10月后便是荞麦的收割季,当地各个家庭都会制作新荞麦。

喜多方拉面

因"藏之街"闻名日本的喜多方,也因"拉面街"而出名。喜多方拉面以酱油汤为基础,平滑、粗短的面条口感极佳,让人不禁回忆起过往。市内有120多家拉面店,店铺比例位居日本第一。

被称为"喜多方拉面"元祖的老字号店铺,名为"源来轩"。传说发明人是大正（1912年—1926年）末期从中国浙江省青县来到日本的藩钦星。

藩钦星在双亲去世后,19岁来到日本,后由于叔叔的生活也不好过,他决定做中国面,推车沿街叫卖,维持生计。横滨做土木工人,1927年他拜托临近喜多方北部加纳矿山工作的叔叔,进入喜多方工作。做了一下,这就是喜多方拉面的由来。

喜多方拉面

中国游客不可错过的福岛县景点

中国人烈士慰灵碑

这是在猪苗代町的秋元发电厂附近建造的慰灵碑。介绍栏里介绍：

"第二次世界大战末期，大约有4万中国人被强制带来日本，在135处地方从事建筑工程，其中6830名中国烈士因过度劳作而去世。福岛县有1000名中国人在沼仓、宫下发电所工作，其中有25人去世。"

为表示对牺牲的中国工人的敬意，1970年"福岛中国烈士慰灵碑"。建成以后在每年7月7日前后，由福岛县中日友好协会主办慰灵仪式，在仪式开始前会祝福中日友好，清扫慰灵碑及其周围。

须贺川牡丹园

1966年当时须贺川经营药材的伊藤祐伦为了将牡丹根入

药，从摄津国（今兵库县宝塚市）带回了牡丹苗进行栽培，这就是须贺川牡丹园的初期。至今已经有250年多的历史。

距JR须贺川西南3.5公里左右的地方，就是牡丹园的所在地"须贺市牡丹园"。

园内正面有一座牡丹公主像，是有着中国最大牡丹园（王城公园）的洛阳市赠送的。通过牡丹牵线搭桥，双方推动国际交流。

比东京巨蛋还要大三倍以上的院内，有290种7000株牡丹，景色绝美。观赏季节为4月下旬到5月下旬。

1932年这里被指定为国家景区，它是日本唯一一个被指定成国家景区的牡丹园。

旧二本松藩戒石题记碑

作为二本松市市街地北面的二本松城，别称为平霞城。平城山是日本百座名城中屈指可数的地方。

城市东侧的藩厅前，有一个长约8.5米、最大宽约5米的石头上刻有"戒石铭"。

第五代藩主丹羽高宽因儒学家岩井田昨非的建议，在上面刻上武士戒律，该戒律起源于中国。

后蜀的君主孟昶于965年创造了24句96字的《戒谕辞》，北宋第二代皇帝太宗于983年从中选出16字，作为戒石铭，以便让州县的人们了解官史。这个碑文的一部分已经跨越时空，屹立在此处。

与中国各省市结成友好城市的行政自治体

会津若松市——荆州市（湖北省）

两市的关联可以追溯到第二次世界大战时。1972年中日邦交正常化以后，会津若松市的相关人员访问荆州市。从1985年左右开始，会津若松市与市荆沙市友好交流促进协议会民间交流团体相互访问，开展研修生、留学生交流项目。1991年6月前双方签订了友好城市协议书。1994年荆州市与荆州区合并形成荆沙市，1996年荆沙市一部分被分走，变为荆州市，但现在荆州市与会津若松市仍保持良好的友好交流关系。

岩城市——抚顺市（辽宁省）

自1977年岩城市率团访华以来，岩城市的各界代表相继访问中国，允许岩城市内企业可以接收中国研修生。不久后岩城市开始展开与煤炭城市——抚顺市的交流活动。通过两市互相访问，彼此加深了解，于1982年4月正式签订了友好城市合同。

须贺川市——洛阳市（河南省）

1979年在成立中日友好协会之际，两市以牡丹作为桥梁进一步加深了了解。在这样的背景下，随着纪念中日邦交正常化20周年与福岛机场开通等，1993年8月中日友好翼市市民及中学生访华团到访洛阳市，双方市长签订了友好城市议定书。1995年起，政府鼓励洛阳的技术研修生在须贺川市学习花卉栽培技术。

二本松市——京山县（湖北省）

旧二本松藩戒石题记碑的由来确实是湖北省京山县，这成为两市交流的契机。1988年二本松市市长在京山县查看戒石碑，确认确实存在。为此该市申请重建，1989年在人民政府办公楼前重建了该石碑，同年在石碑上刻有戒石铭标题，此外二本松还进行了相关修景整理工作。之后为纪念市政厅成立，京山县赠送二本松市题石碑，二本松市回赠日本梨树苗，进一步促进了文化交流及事务交流。1994年10月，双方签订了友好合作协议。

西乡村——天津市蓟县

西乡和天津市蓟县率先进行民间交流活动。1991年天津市人民政府代表团访问西乡村，至此双方开展行政交流访问。

次年 4 月双方正式签订友好城市合作协议。

泉崎村——北京市房山区窦店镇窦店村

1993 年，新华社东京事务所所长为了采访努力打造日本第一村的泉崎村村长而来到泉崎村，以此为开端，开始了双方交流。次年，努力泉崎村村长收到讲座邀请，从而访问窦店村。1996 年 10 月，签订了友好关系协议。

楢叶町——五常市（黑龙江省）

双方交流的起因，是在楢叶町中日友好协会担任事务局局长的人说起在战争结束之际受到一位中国人的照顾。借着与这位恩人再次相见的机会，中国政府干部提议与水稻种植繁盛的五常市进行交流。之后双方相互访问频繁，1992 年 2 月签订了友好关系。随着合作，1993 年 7 月以后楢叶町开始接收五常市的技术研修生。

富冈町——海盐县（浙江省）

随着国际化社会的进程，富冈町为了培养越来越多的町民的国际化意识，通过国际亲善交流协会推进友好交流事业。其中由于了解中国国情，町、町议会、町国际亲善交流协会三方一同探索与亚洲各国的国际友好交流，前往考察的地方是与富冈町特点相似的浙江省海盐县。1995 年 6 月签订了友好交流协议。

浪江町——兴化市（江苏省）

为了响应国际社会的发展，浪江町尝试与海外城市交流。1994年2月浪江町以派遣视察团为契机，1994年10月派遣亲善访问团，双方协商交流活动的内容。之后双方开展了多次交流，1996年4月在经过三年短时间交流后正式成为友好城市。

八　新潟县

非凡耐力，创意十足，简单诚实。

简　介

新潟县在历史上曾是日本第一人口大县。从江户时期到明治时期前半段，日本海是全国物资输送的大动脉，各地人们都聚集到新潟。

新潟县是一个比较特殊的县，一直未明确属于什么地区，既不是东北也不是关东，好像也不属于北陆。

新潟人的性格集合了多个县的特点，比如福岛人讨厌失败、富山人坚韧不拔、长野县人认真。新潟人的忍耐力连阿信故乡山形县都自愧不如。

去东京乘坐新干线大概需两小时左右，令人惊奇的是城市氛围并不是很浓。这里的女性较坚强，离婚率在日本最低。

新潟县的与众不同：
　　①毛豆消费量排日本第一。
　　②县内的外县人比例居日本第46位。

新潟县的地理概况和气候条件

新潟县位于本州中央，稍微偏北方向，其面积在 47 个都道府县中排名第五。新潟县邻接大海，有佐渡岛、粟岛这些岛屿，海岸线长 635.6 公里（第 22 位），处于全国中等位置。柔和的海岸线较多，未与大海相连的地区较广。

历史上，新潟县由越后与佐渡组成，越后大致分为上越、中越、下越三大地区。从西南方依此为上越→中越→下越。

上越地区是以上越市为中心的地带。与设有县厅的新潟市相比，地理位置上更靠近富山市和长野市，与他们的关系也较为深厚。

中越地区是以长冈市为中心的、县中央部分。日本屈指可数的越光大米的产地鱼沼市就在这里。

下越地区是县的东北部，中心是县都新潟市。下越地区在本州的日本海侧，拥有人口最多，是唯一一个政令指定城市。以甲武信岳（位于埼玉县秩父市、山梨县山梨市、长野县川上村的边界）为水源的日本第一长河——信浓川（367 公里）的河口也在新潟市。该河在长野县内被称为千曲川。

佐渡是距新潟市西方约45公里上的小岛，虽然以前有1市7町2村，但由于2004年合并，现在变为"全是岛的佐渡市"。该岛还是日本最大的离岛，面积约855.1平方公里。

整个新潟县都是日本海气候，属于强降雪地带（特别是山区）。津南町和十日町市、妙高市周边积雪较多。新潟市雪中水分较多，比较重，但新潟市等沿岸部的积雪量并没有那么多。

受日本海暖流（对马海流）影响，维度越高冬季气温越高。由于日照时间较少，不太会引起辐射冷却。

夏季由于受到焚风现象影响，气温容易升高，湿度也较高。佐渡岛属于海洋性气候，冬季相对缓和，与降雪相比，降雨时间较多。

新潟县相关数据：

面积：12,584.10平方公里

人口：2,290,569人（截至2016年6月1日）

人口密度：182人／平方公里

相邻都道府县：山形县、福岛县、群马县、富山县、长野县

新潟县人的性格特点

与雪抗争而养成的坚韧不拔和简单诚实

"穿过县境上长长的隧道,便是雪国",川端康成小说开头所说的"雪国"就是指新潟县。雪最能够象征新潟县。

小说里所说的"长长的隧道"是指行驶在与群马县的交界——三国山脉下方的 JR 上越线清水隧道。小说里的新潟时代是单轨,之后新清水隧道竣工变为复线。

因此下行列车行驶在新隧道中,清水隧道用于上行专线。

与日本海沿岸地区不同,稍微进入内陆地后,积雪量就不同寻常。有积雪时,为了道路通畅,购物街以及住宅会采用从屋檐到道路边缘突出设计,若看到有屋檐的上越市街道,任何一个人都会感觉到惊奇。因夏季烟花大会出名的长冈也是降雪较多的地方。

一提雪就会想到白色,一提到白色就会想到美女。这并非联想丰富,新潟给人的印象确实如此。在经常出游、出差的男性中疯传有"日本海沿岸各县皆出美女"之说,大家认为,除了秋田,新潟又是一个美女之地。

新潟县与秋田县一样,因大米、温泉而出名。有好喝的日本酒一定会有好水,有好水就会联想到出美女。新潟的美女是天然的,绝不是整形出来的,《雪国》的主人公岛村喜欢的艺妓驹子便是一例。

新潟人性格大多坚韧不拔、简单诚实,可能不善言谈,但专一可靠,可以想象出当地人在漫长的冬季,雪堆高高的环境以及每日在奋斗的生活景象。

在东京,整个冬天往往没有一次积雪,但仅仅数厘米的积雪就会让电车停运,让人摔倒受伤,而新潟强降雪地带的降雪量却完全不同。一晚上积雪一米以上一点都不稀奇,而且由于含湿气较多,重量不可思议。

如果屋檐上有积雪,重量足够可以压垮房屋,所以必须及时清扫。如果道路上有积雪,更是要及时清理,否则无法行车。

如果积雪量特别特别多时那就得挖雪了。首先在房屋的周围进行清理,先确保出入口通畅,确保有活动空间,最后再铲雪、扫雪。但如果每天持续下雪,且挖一次后立刻又有积雪,那么铲雪、扫雪的任务就变得毫无止境。若是冬天一直这样持续的话,会很辛苦。

《人国记》里是这样写的:"新潟人多好胜,十之九也。好战而嗜勇,不言痛而言勇。"新潟人不爱喊痛,不愿服输。

联想到战国时期(1477年—1573年)甲斐(今山梨县)

武田信玄和战斗英勇的越后上杉謙信，也能深切感受到这一点。

雪让人更爱家乡

县民并不讨厌这个让人痛苦的新潟。

根据 NHK 全国县民意识调查，认为"新潟宜居"的比例有 88.6%（排全国第二），而"喜欢新潟"的比例有 86.5%（排第十），任何一个数据都大大超过了全国平均值，由此可知新潟人对家乡的热爱程度。

关于每个月的工作时间，全国平均工作时间为 150.2 小时，而新潟人的平均工作时间是 155.6 小时。

新潟人耐性强，这也可以根据离婚率低进行推测。2014 年平均每 1000 个日本人中离婚者数量 1.77 人，而新潟的数据为 1.41，在 47 个都道府县中最低。无论遇见什么事情，新潟人都极有耐心，忍耐已经成为习惯，因此夫妻不会因为一点小事就想要离婚。

他们和东北地方等寒冷地区一样不喜欢变化，可能对接收新鲜事物持消极态度。之前 NHK 调查显示新潟人有很明显的倾向，关于"想要在生活和工作上注入新元素"的人排全国倒数第二。

父母不培养长子的原因

第二次世界大战以前，有很多新潟人以耐性强为优点来东京工作。自江户时期开始，就有"新潟人都爱去江户，但江户人不爱去其他地方"的说法。现在东京都市民中,其他县的人以新潟人比例最高。

总之,在公共浴场、谷物店、豆腐店等场所的员工一般以新潟人居多。女性护士比较多,也有做餐饮店以及旅馆招待员的。他们的工作总是时间不固定,或许上班时间太早,或许很辛苦很耗力,等等。

从前新潟县就有一句俗话"不养杉树和儿子",意思是杉树和儿子一样难养,因为从大陆吹过来的冷风阻碍了杉树的生长,杉树很难存活,而儿子(特别是长子)缺乏耐性。

实际上新潟县的母亲、姐姐等女性过于溺爱家里的长子。但如果是次子,则不一样。

如果是长子,母亲和姐姐就会无微不至地关心,次子以后的儿子们则不太受如此关注。因此除长子以外的孩子们都会茁壮成长,到了一定年龄就会追求新天地。父母除了精心养育长子外,如果再特别地抚养其他孩子,则有点力不从心。

总之,虽然新潟人坚韧不拔、艰苦奋斗,但这仅限于除家庭中长子以外的男性和所有女性。

另一方面,留在家乡的长子并不知道弟弟、姐姐、妹妹的辛苦。自儿童时期就被溺爱抚养的长子,往往缺乏独立性。实际上,为无拘无束长大的长子的不良后果而苦恼的父母兄弟也不在少数。

米好吃酒好喝

说起新潟县典型的大米品牌，那当然是越光大米于。"越光大米"于1944年开始研发，属于兼具抗寒、多产的"农林一号"与抗病、高品质的"农林十二号"双方所长的品种。

在越光大米的研发过程中，由于战事不断，一度不得不中断研发，不得已只好将稻谷移交给福井县，而福井县遭受地震，因此越光米正式上市12年后，即1956年。

好米不能缺少干净的空气与好水，而新潟县刚好具备所有条件。

现在不仅是新潟，还有很多地方盛产美味的大米，例如秋田县的"秋天小町米"、宫城县的"一见钟情系列大米"、宫崎县的"日之光"，等等，形成了品牌。这些类型的米都是以越光米为基础，按照各自土地的特点进行改良后的品种。

除此之外，这里还盛产日本酒。

继兵库县、京都府后，新潟县日本酒产量全国排名第三。新潟人不仅造酒，还经常喝酒。日本酒全国人均消费量为4.7升，新潟人则为10.2升。

山海带来了干净的空气、好喝的水，当地人又用这些生产出了美味的大米与日本酒。这些都是新潟人引起为傲的。但当地人不会多加推销，这可能就是新潟人的性格。

他们不喜欢冒险，很希望稳定。相反，如果有相反类型的人在身边，他们也会非常憧憬。

在第二次世界大战前，新潟县、新潟市都是被日本人竖大拇指称赞的地方。特别是新潟市，是在幕末开通的五大港口之一，与其他地区相比，信息传播更快一些，对其成为日本海的中心城市起着重要的意义。

但可能与生俱来的安稳意识的影响，这里很少会吹来新风。2007 年县都新潟市被升格成政令指定城市，也未发生什么改变。

利用上越新干线以及自动车道，使得新潟市距东京的距离与川端康成所描述的时代相比缩短了很多。

因此虽然与仙台市（宫城县）几乎相同，但是并未像仙台那样被东京化了，甚至说整个县并未受到东京多大影响。新潟是一个悠久历史下培育出的县民性格不会轻易被风化掉的县。

J 联赛中，将基地设在新潟的新潟天鹅足球俱乐部英姿飒爽，篮球和棒球的水平也在明显提高，支持者的欢呼热情简直可以把雪融化。新潟人的民风民情从此应该会发生很大的改变吧。

新潟县的重要数据和知名人士

新潟县在日本名列第一的几个领域

领域	数据
年糕消费量（2014 年）（每个家庭）	3,139 克
清酒生产许可场地数（2015 年）	97 处
烤米粉片出货量（2014 年）	1,918 亿日元
金属餐具出货量（2014 年）	117 亿日元
水稻收获量（2015 年）	619,200 吨
毛豆种植面积（2014 年）	1,570 公顷
新干线站数（2016 年）	7 站
天鹅类飞来数量（2016 年）	18,794 只
原油产量（2015 年）	381,270 千升
高等学校等升学率（2016 年 3 月）	99.61%

新潟县出身的名人

政界：

田中角荣（柏崎市）

金子惠美（新潟市）

菊田真纪子（加茂市）

黑岩宇洋（南鱼沼市）

高鸟修一（上越市）

长岛忠美（长冈市）

西村智奈美（燕市）

森裕子（新潟市）

泉田裕彦（加茂市）

商界：

佐川清（上越市），佐川急便创始人

新津恒吉（出云崎町），新津石油创始人

南场智子（新潟市），DeNA 创始人

米山稔（长冈市），YONEX 创始人

文化界：

佐藤幸治（新潟市），宪法学者

新井满（新潟市），作家

小川未明（上越市），童话作家

齐藤美奈子（新潟市），文学评论家

坂口安吾（新潟市），作家

凉风凉（新潟市），作家

关川夏央（长冈市），作家

山冈莊八（鱼沼市），作家

蕗谷虹儿（新发田市），画家

有沢辽（阿贺野市），漫画家

牛木义隆（上越市），漫画家

远藤幸一（新潟市），漫画家

冈村贤二（新潟市），漫画家

小畑健（新潟市），漫画家

叶精作（新潟市），漫画家

桑田乃梨子（长冈市），漫画家

古泉智浩（新潟市），漫画家

高桥留美子（新潟市），漫画家

水岛新司（新潟市），漫画家

近藤喜文（五泉市），动画导演

鹤卷和哉（五泉市），动画导演

山贺博之（新潟市），动画导演

江间章子（上越市），诗人

演艺界：

高桥克实（三条市），演员

樋口可南子（加茂市），演员

星野知子（长冈市），演员

水野久美（二条市），演员

三田村邦彦（新发田市），演员

鹫尾ISA子（新潟市），演员

渡边谦（鱼沼市），演员

小林幸子（新潟市），歌手

大桃美代子（鱼沼市），演员

川合俊一（糸鱼川市），演员

体育界：

有田光希（新潟市），京都不死鸟球员

石川慧（新潟市），仙台维加泰队队员

大野和成（上越市），新潟天鹅队队员

酒井宣福（三条市），新潟天鹅队队员

山崎亮平（南鱼沼市），新潟天鹅队队员

今井启介（长冈市），广岛鲤鱼队队员

加藤健（圣籠町），读卖巨人队队员

金子千寻（三条市），欧力士野牛队队员

新潟市特有的风味美食

新潟煮

新潟煮热吃时很美味,也是一种不常见的可冷食的美食。

将芋头写成条形,或切成小角状,加入肌肉、胡罗比、牛蒡、油豆腐、鱼子、干贝、香菇、白果、竹笋、莲藕等一起煮。芋头稍微有一点黏,新潟人做饭的特色就是不使用马铃薯淀粉及淀粉。

木盘荞麦面

木盘就是盛放荞麦面的容器,是指木质的板子。

小千谷市的木盘荞麦面较为正宗,使用布海苔是其一大特点。做好的荞麦面柔软顺滑,摆放精致,所摆放的量刚好够一口的量。

枥尾油豆腐

枥尾油豆腐是目前已变为长冈市一部分的、以旧枥尾市命

荞麦面

名的大号油豆腐。

与油豆腐一样,其也可作为料理食材,直接烤了吃,也可以当成小吃。也可以将枥尾油豆腐从中间切成开,变成一半厚度,在中间加入鲣鱼和葱花烤,和日本酒搭配。

笹团子

这是一种将艾蒿团子用几片竹叶包住制作的食物,食用时就像拨香蕉皮一样,是一种招牌土特产。因为竹叶具有防腐作用,保存期较长是其一大特点。

在每年收割新竹叶的 6 月左右时,有的家庭就会手工制作笹团子。该美食老少咸宜。

中国游客不可错过的新潟县景点

天寿园

位于新潟市中央区，拥有悠久历史与传统的豪华"中华庭院"，与四季风情种种的"日式庭院"一字排开。

"中华庭院"由北京市林园局设计、施工，所采用的主材均来自中国。色彩斑斓的建筑引人注意，再现了北京的各种名胜古迹。虽然按照庭院大小，进行了缩放，但却是一个充分展现中国魅力的庭院。"日本庭院"里，偌大的池塘与瀑布勾勒成筑山池塘式纯日式风格，池中以莲花为构思的"禅堂"好像浮在水面上一般。

由于靠近"BIG SWAN"新潟体育场，这里已经成为市民休息之所。

冠鹮森林公园

冠鹮学名朱鹮，是世界级保护鸟类之一，也是新潟代表鸟类。但日本产的冠鹬已经在2003年灭绝，现在日本拥有的冠鹬是中国赠送的冠鹬的后代。

由于冠鹬保护中心一般不对外开放，参观者指南只能在冠鹬馆欣赏冠鹬的身姿。该园的资料展示馆中，除了有保护、繁殖冠鹬的一些相关影像、语音介绍等资料，还展有动物标本和骨骼标本，从冠鹬生态角度为参观者解说保护活动的进程、人工繁殖的成果、热爱自然等内容。

与中国各省市结成友好城市的行政自治体

新潟县——黑龙江省

自第二次世界大战以前,就有很多新潟人居住在中国东北地区。县内的龟田乡土地改良区自1978年收到黑龙江省东北部三江平原开发的帮助与支持,新潟市与哈尔滨市于1979年12月结成友好城市,两地渊源深厚。1974年县知事担任团长率领友好访问团访华,之后政府与民间多次互相访问,1983年在县议会上决定促进与黑龙江省的友好合作关系,同年8月实现友好合作,之后在经济、文化、科技等广泛领域开始了交流与合作。

新潟市——哈尔滨市(黑龙江省)

县都新潟市被称为"水都",黑龙江省的省会哈尔滨市被称为"冰都"。自1972年中日邦交恢复以来,新潟市各行各业的友好访华团以及万代太鼓少年友好访问团等团体多次访问中国。1979年新潟县中日友好协会成立，中日友好合作的高潮不断高涨。1979年12月，签订了议定书，新潟成为日本海附近第一个中国友好城市。

三条市——鄂州市（湖北省）

以"五金城市"被人熟知的三条市，与矿产资源丰富、盛产铁银铜、以冶金为主的工业城市鄂州市是友好城市。1991年双方签订了"技术研修生派遣相关议定书"，以此为契机，两市开始了政府层面的交流。鄂州市视察团访问三条市，打开了友好交流以及经济技术合作的道路。三条市接受鄂州市的技术研修生，三条市市民访问鄂州市，进一步促进中日友好，1993年5月双方签订了友好城市关系确立合同，次年4月正式签约。

柏崎市——峨眉山市（四川省）

柏崎市与峨眉山市的交流可追溯到200年前左右。1825年柏崎宫川海边冲来了一根刻有"峨眉山下桥"字样的桩子，据估计是从6000公里以外的四川省辗转而来的。诗僧、汉诗家良宽听说此事后，创作了"不知落城何年代,书法道美且清新。分明峨眉山下桥,流寄日本宫川滨"的优美七言绝句。1990年，经持有该桩子的高柳町（当时）町长、中日友好协会汉诗协会之手，在峨眉山脚下的清音阁建立了良宽的诗碑。以此为契机，柏崎市长、高柳町长、日中友好之翼一行访问峨眉山市，签订了友好交流备忘录。在这个历史渊源下，峨眉山市与柏崎市、旧高柳町（与现在的柏崎市合并）开始交流，2005年缔结友好城市关系，确立协定书。该桩子目前还保存在柏崎市高柳町贞观园内。

柏崎市——淮安市淮安区（江苏省）

两地分别是中日邦交恢复以后周恩来总理与原首相田中角荣的故乡，以此为契机，1992年江苏省淮安市华南区与旧西山町之间持续进行行政、议会、青少年交流，1995柏崎市与淮安市年成为友好城市。2005年西山町与柏崎市合并，淮安市淮安区与柏崎市继续保持友好交流关系。

柏崎市——宜昌市（湖北省）

柏崎市是世界最大规模核电站的所在地，而宜昌市则有着世界最大的三峡水力发电站。两处都有世界最大的发电站，为社会提供能源。以此共同点作为友好的萌芽，开始了交流合作。1998年签订了交流内容备忘录，在文化、经济、青少年、旅游等各领域开始广泛交流。政府访问团互相派遣、合作研修生项目等，进一步促进了两地的交流。

加茂市——淄博市

1992年加茂市的新潟中央短期大学与淄博市的山东工程学院成为友好合作院校，这也成为两市友好交流的契机。同年淄博市教育界、经济界相关人士访问加茂市，次年加茂市相关人员访问淄博市，之后民间友好交流不断活跃起来。以此为基础，同年10月，加茂市邀请淄博市官方代表团介绍市内情况，与各界代表交换意见。在代表团欢迎宴会上，签订了两市友好合作交流的协议。

上越市——珲春市（吉林省）、哈尔滨市呼兰县康金镇（黑龙江省）

1994年上越市市长与经济视察团访问珲春市时，向珲春市市长提议成为友好合作城市、接收留学生等人才交流建议。次年珲春市工作人员作为行政研修生前往上越市市政府，教师作为市费留学生前往上越教育大学学习。同年10月上越市与清水市（今静冈市）、室兰市（北海道）、岩内町（北海道）的友好城市签约仪式上，珲春市副市长作为视察团出席。次年4月签订了经济、文化交流关系协定书。

哈尔滨市呼兰县康金镇原来与三和村（今上越市三和区）签订了友好协议，2005年三和村合并至上越市成立新市，合作继续。旧三和村于2001年起为保护村民健康引进太极拳，以此为契机，开始与哈尔滨市呼兰县康金镇进行交流。次年4月，签订了友好城市交流议定书。同年11月三和村邀请哈尔滨市武术太极拳代表团访问，召开太极拳交流会，友谊进一步加深。

佐渡市——洋县（陕西省）

1985年10月，为保护、繁殖剩下的冠鹳，新穗村（今佐渡市）冠鹳保护中心从洋县借来冠鹳。这件事成为双方友好合作的开端。由于拥有保护冠鹳的同一个目标，双方友好交流进一步加深，于1998年6月签订了友好交流协议，一致同意进一步促进两地的发展。江泽民听闻日本冠鹳数量不断减少，为表友好之意，1999年赠送给佐渡市冠鹳。2004年新穗村与整个佐渡岛合并，目前已成为佐渡市的一部分。

九 长野县

极爱讲道理,缺乏幽默感,健康意识强。

简　介

日本的每个县都有县歌，其中长野县的县歌最有名、流传最久。

说起爱讲道理，恐怕其他县的人会望尘莫及，因为长野县的每个人都具有很强的思考能力和口才能力，而且还很有趣。

近年来长野县还成为日本长寿第一县。在干净的环境中生活，长寿也就成了理所应当的事。

长野县工作人数较多，就业率是日本第一，也成为该县一大特点。不论什么年龄段的人，头脑和身体都很发达。

长野县的与众不同：

①滑子蘑、松茸、玉蕈、金针菇产量日本第一。

②比起"长野"，"信州"这个说法更受欢迎。

长野县的地理概况和气候条件

长野县几乎位于本州的中央位置，是继北海道、岩手先、福岛县之后，面积位居全国第四位的县。相邻县有八个，为日本之最。长野县东西长约128公里，南北长约220公里，呈南北长条形状，是"无海之县"，旧国名为"信浓"。

西北飞驒山脉是与富山岐阜分界线，东南赤石山脉是山梨静冈两县的分界线。整个长野县海拔较高，县民多居住在盆地（伊那谷、松本盆地、佐久盆地、长野盆地等）。

因此交通极其不便。例如长野县与富山县陆接，但属于3000米级别的北阿尔卑斯山严峻地形，因此交通方式有限，多采用空路及无轨电车。距埼玉县只10公里的距离，但如果采用汽车来回，那么就只有"秩父市道大泷干线17号线"这条唯一的通道。

除此之外，有不少地方虽然是陆地相连，但几乎无法往来，例如饭田市与静冈市、松本市和下诹访町、王泷村和大桑村、岐阜县中津川和同县下吕市等。

长野县的自然资源特别丰厚。海拔2000—3000米的高山耸立，被称为"日本屋顶"，拥有多条河流资源。天龙川将诹访湖作为水源，穿过伊那谷，汇入太平洋，木曾川南下流入太平洋。诹访湖是景色优美的湖泊。千曲川与犀川在长野市附近合流北上，进入新潟县后更名为"信浓川"，汇入日本海。姬川也汇入日本海。

县厅所在地长野市拥有县内最多人口（约387,000人），但面积最大的是松本市（约979平方公里），人口密度最高的是冈谷市（620.27人/平方公里）。

长野全县属于内陆型气候，但由于南北狭长，各地海拔不

长野县雪景

同,因此受山脉、盆地等地形影响,气温也有所不同。冬季寒冷,这一点跟其他地方一样。县内部分地区是强降雪地带。

在长野市、松本市等盆地,夏季的炎热度和东京差不多,偶尔会有酷暑之日,但早晚凉爽,几乎没有热带夜。

长野县相关数据:

面积:13,561.56平方公里

人口:2,088,105人(截至2016年6月1日)

人口密度:154人/平方公里

相邻都道府县:群马县、埼玉县、新潟县、富山县、山梨县、岐阜县、静冈县、爱知县

长野县人的性格特点

不多见的县歌流行之地

爱讲道理、爱争论、热衷教育事业、热爱家乡……关于长野县人、"信州人"的性格，虽然常常被外界议论，但大部分评价是他们比较沉着冷静。

我以前想写一本书《新、不可思议之国的信州人》，原因是我听说信州人在参加聚会时，经常会唱《信浓之国》这首歌。对此，我有点不太理解。无论喝得多醉，一脸认真唱这首歌的人几乎都是信州人。

这首《信浓之国》，初听时感觉歌词很浪漫，但其实风格比较雄伟壮阔，歌词包含了长野全县的自然、风土人情，充满了赞誉。

这首歌诞生于1900年，最初发表于长野师范学校（今信州大学教育学院）的运动会上，作词人是该校的一名教师。有一些该校毕业生，工作后就职于其他学校，也会在举办运动会时播放这首歌。因此，对于信州人来说，这首歌就变成了一首特别亲切的歌。

二战结束后，县内的所有小学、中学举办活动的时候都会播放、演唱这首歌。1968年，《信浓之国》被定为县歌。

尽管这首歌不是流行歌曲，但能够如此脍炙人口，确实是不常见。歌曲旋律流畅上口，很容易被人记住，听者也会感觉身心舒畅。但《信浓之国》的真正价值在于人们在演唱这首歌时更容易意识到演唱的人们都来自同一个县，彼此有种老乡见老乡、两眼泪汪汪的感觉。对于在长野县居住了很久的外县人，是不太容易产生这种感觉的。

之所以会出现这种状况，是有一定历史原因的。

1871年7月，这里实施废藩置县。现在的长野县，即曾近的信浓国，在江户时期被分成几个小藩。废藩置县时，藩改为县。

江户时期的藩都拥有自己独立的文化，认为自己的才是标准的。这是因为信浓国地处山谷，人们居住的地方都是盆地，交通不便，相互之间几乎没有任何交流。

同年11月，开始了第二轮废藩置县，统一十二个县，变为两个县，即长野县和筑摩县。此时筑摩地区的高山重回岐阜县，而属于岐阜县的饭田等南信地区又回到筑摩县。五年后的1876年，两县合二为一，也不免出现了很多分歧。

这首歌缓解了长野与松本的仇恨

促成两县合并的历史原因，是一场发生于筑摩县的火灾。以松本为中心的南信人怀疑是北信人故意放火的，认为北信人想将县厅设置在长野。在真假难辨的过程中，政府果然将新县厅设在了长野，于是两县合并，县名改为长野县。

而松本人却认为，如果筑摩县的县厅没有发生火灾，即使两县合并，新县厅也应该设在松本，因此他们多次企图夺回县厅，也由此产生了从筑摩县分离出来的独立势头，并于1948年发生了"南北战争"。于是，长野市内的县厅副楼因此而全毁。有人以此为借口，想要长野县恢复以往，分为两县，县厅回到松本。

于是，政府召开了县议会，以便进行表决。当时县议会北信方面的议员有30人，南信方面的议员有30人，完全对立。但最终表决那天，北信有一人缺席（有人认为是被南信绑架了），如果进行投票，必定是南信方面胜利。

当正式会议开始时，北信议员便使用各种手段，企图延迟会议，会场一度非常混乱。就在此时，旁听席出其意料地出现《信浓之国》大合唱，会议最终被延迟，南信人提出的分县决议最终被废除。

可以说，《信浓之国》在一定程度上拯救了长野县的分裂，但双方拼死相争也是事实，双方世仇也一直在延续。

我曾经很好奇为什么长野县的国立大学不叫"长野大学"。

虽然现在有以此命名的私立大学，但国立大学的名字却是信州大学。长野作为信州的一部分，想使用其名却没用上，可以说有些遗憾。

在中南信，很少有人说自己是长野县人。对中南信人来说，"长野"不过是北信的一个地方名称。而且，八十二银行、信浓每日新闻、信浓教育会、信越放送等长野县的大型企业或机构的名称，一律没有使用"长野"二字。

长野县人太过严肃，缺乏幽默感

无论如何，信州人爱讲道理真的是遗传下来的。由此，也造就了人们所说的长野县不会出喜剧演员这件事。长野县的居酒屋被说成是全国最缺乏乐趣的居酒屋。比起杂谈，在居酒屋高谈阔论政治、社会的客人应该都不容易醉吧。

长野与群马、埼玉、山梨、静冈、爱知、岐阜、富山、新潟八个县相接，但四面环山，与各县的来往比较少，生活相对比较封闭。

信州的冬季比较寒冷，降雪较多。从深秋到初春，人们待在家里的时间要比待在外面的时间久一些。

县厅所在地长野市最大的饮食区位于街权堂地区，这里酒吧、俱乐部的服务员大部分都来自邻近的新潟县。对信州人来说，这可能是一项艰巨的工作。

每年来善光寺参拜的游客较多。长野县人的豁达气质较明显，一般不会向客人献殷勤，因为他们骨子里都比较严谨认真，性格棱角分明。但长野县人也有缺点，过于严肃，缺乏变通性。

学习理论，武装自己

因为喜爱据理力争，所以信州人特别爱学习、爱读书。有很多人死啃书本，与信州人辩论，一般很难战胜，而且信州人就算在言语上一时输掉，事后也一定会再来挑战，不胜利绝不放弃。即是"闲聊之中暗藏机锋，羞于在人前示弱。故，人厌与其交，蔚然成风也"。

长野还是全国第一的教育大县。自2002年起，这里推行公立小学一个班级30人的小班，2005年，在一年级到四年级的学年小班制度得以全面实施。虽然全国都在推进小班，但是长野县是率先承担所有费用的县。

长野县还成立了信浓教育会教师组织，有过独立编写教科书的时期。

学习是长寿的秘诀？

信州人的寿命很长，男女寿命之长均居日本第一（男性80.88岁，女性87.18岁。2013年数据统计）。可能是因为信州人年轻时候爱动脑，或者是由于一丝不苟的、规规矩矩的生活方式。

信州人因健康指数较高而闻名，而且在"即使没有生活所需也想要工作"的调查问卷中，名列第二，很好地证明了他们的认真。

从各都道府县就业率来看，长野县继福井县、东京都、静冈县、爱知县，名列第五（2015年数据统计），65岁以上的老年人比例（男性38.5%，女性19.7%）在47个都道府县均排名第一。

爱学习好像与热衷健康相关，长野县保健妇的活动非常活跃。保健妇是一种日本法律授予的资格，所有都道府县都有保健妇，但活动内容根据县的不同而有所差别。

在长野县，从白天开始保健妇就绕着本地区工作，为人民身体健康而努力。在人生病之前或病情加重之前，早发现早治疗，会减少很多不必要的医疗费，当然国民医疗保险保费也会变少。

长野县有很多年长却还在工作的人，不工作的老年人很少见。

长野县民字典中似乎没有"幽默"这个词。在其他县人眼中，太认真且没有幽默感的长野县人会让人觉得很无聊。

长野县的重要数据和知名人士

长野县在日本名列第一的几个领域

领域	数据
野菜摄入量（2012 年）（每日）	379 克
拉面餐厅数量（2014 年）（每 10 万人）	1,109 家
白菜产量（2013 年）	224,200 吨
音乐教室数量（2014 年）（每 10 万人）	570 家

长野县出身的名人

政界：

　　务台俊介（安昙野市）

　　木内等（佐久市）

　　篠原孝（中野市）

平木大作（长野市）

田村智子（小诸市）

武田良介（中野市）

商界：

岩波茂雄（诹访市），岩波书店创始人

大和岩雄（伊那市），大和书房、青春出版社创始人

荻原广（箕轮町），杏林制药创始人

小尾俊人（茅野市），MISUZI书房创始人

片仓兼太郎（冈谷市），片仓工业创始人

小坂善之助（长野市），信浓每日新闻创始人

五岛庆太（青木村），东急电铁创始人

小宫山量平（上田市），理论社创始人

相马爱藏（安昙野市），新宿中村屋创始人

田口利八（南木曾町），西浓运输创始人

田中弥助（长野市），第一法规创始人

桥本福松（伊那市），古今书院创始人

古田晁（盐尻市），筑摩书房创始人

山岸一雄（中野市），东池袋大胜轩创始人

吉田正（池田町），协同乳业创始人

文化界：

儿玉幸多（千曲市），历史学家

高野辰之（中野市），国文学者、作词家

森泉章（上田市），民法学者

新田次郎（谏访市），作家

藤原亭（茅野市），作家

丸山健二（饭山市），作家

原田泰治（谏访市），画家

熊井启（安昙野市），电影导演

崔洋一（佐久市）），电影导演

降旗康男（松本市），电影导演

伊藤理佐（原村），漫画家

山川启介（佐久市），作词家

小山清茂（长野市），作曲家

久石让（中野市），作曲家

新海诚（小海町），动画导演

塚田庄英（长野市），动画导演

演艺界：

上條恒彦（朝日村），歌手

田中要次（木曽町），演员

峰龙太（下條村），演员

秋本奈绪美（松本市），音乐家

美川宪一（谏访市），歌手

体育界：

  川井雄太（佐久市），中日龙队队员

  圣泽谅（千曲市），东北乐天金鹰队队员

  藤泽亨明（上田市），埼玉西武狮队队员

  柿田裕太（松本市），横浜 DeNA 海湾明星

  桥爪勇树（上田市），甲府风林队队员

长野县特有的风味美食

信州荞麦面

长野县的荞麦面统称为"信州荞麦面"。可能受寒冷空气和土塘的影响，这里很适合培育高品质的荞麦，每年的产量都很多，当地有名的荞麦产地为户隐、乘鞍。

在当地人发明荞麦面片之前，荞麦是用来做成团子形状的荞麦饼来食用的，以面的形式食用开始于16世纪左右，信州是其发源地。

烤荞麦馅饼

用水混合荞麦粉和小麦粉，做成薄皮，用野沢菜、蘑菇、南瓜灯蔬菜裹上豆沙包后烤，是一种介于馒头和团子之间的美食。

使用豆沙，加入味增、盐、酱油调味，混入多种蔬菜，有时也使用干萝卜条和红豆。制作方法很简单，命名也很简单，

"烤""荞麦馅饼"。味道清淡，令人回味无穷。

五平饼

将做好的糯米捏成椭圆形，用扁平竹签穿过烤制而成。烤好后，加上酱油和味增，配以芝麻、坚果、酱汁等食用。

由于和在神社中供奉给神灵之物的性状相似，因为称为"五平饼"，也有传说是五平或五兵卫这个人发明的。关于五平、兵卫，有人说他是农民，有人说是渔民，有人说是木匠，众说纷纭。

野沢菜腌菜

以野沢温泉村为中心的地区栽培的十字花科蔬菜制作的腌菜。在田里把割好的野沢菜根切掉，洗菜后用大木桶腌制。

由于该地区寒冷，因此即使腌制发酵速度也不是很快，但正因如此，野沢菜腌菜的气味小，口感清淡。

中国游客不可错过的长野县景点

安养寺

安养寺位于佐久市的临济宗寺院。这里有武田信玄留下来的《大般若经》,是该县县宝。

传说,镰仓时代(1185年—1333年)的僧侣心地觉心开山后,不仅在中国学习佛教,还学习了味增的做法,在传播佛法的同时,还传授仏味增做法,因此有人说"信州是味噌的发源地"。

诹访湖,时之博物馆,仪象堂

被称为"钟表之乡"的下诹访町,有一个"时间与钟表的博物馆",是日本唯一一个体验型博物馆,有可以组装钟表的工作室。

这里不仅有可以学习钟表组装以及历史的剧院和展览室,还有水运仪象台。传说水运仪象台建造于中国北宋时代的首都开封，是一座利用水力进行工作的大型天文钟楼。现在，每个整点时，这里就会有示范表演，观众还可以参观水运仪象台的内部。

与中国各省市结成友好城市的行政自治体

长野县——河北省

自1972年中日邦交正常化以来,友好关系进一步加深。1977年当时知事担任团长率领"长野县民之翼访问团"访问河北省。由于地形以及气候相似,双方在政治、经济、文化、农业、科技、教育、体育等领域进行了深度交流。为纪念中日和平友好条约生效五周年,双方于1983年11月签订了友好合作协定书。

长野市——石家庄市(河北省)

长野市和石家庄气候相似,都适宜种植果树,而且长野市有善光寺,石家庄有隆兴寺,共同点较多,友好交流进一步深化。1981年4月双方正式签订了友好协议。之后两市代表团互访,长野市派遣市民访华团、视察团并接收研修生,进行人才交流,互换小熊猫和黑猩猩。2001年,两市市长互访,石家庄市赠送了仿效战国时代中山国的装饰物器制造的"山形器",长野市赠送了仿造善光寺钟的"友好之钟"纪念品。

松本市——廊坊市(河北省)

1994年河北省廊坊市、辽宁省葫芦岛市、山东省平度市三市成为候选城市,松本市派遣调查团进行实地考察。最后因"河北省与长野县缔结了友好协议""廊坊市距离北京首都较近,交通方便""日本公司入驻较多,交流之心强烈"等多个理由,廊坊市成为有力候选。1995年3月松本市与廊坊市成为友好城市,正式签订了议定书。

上田市——宁波市(浙江省)

通过中日友好协会,开展市民交流,在市民中间友好交流合作城市的情绪高涨。为此1995年市长及市议会长率代表团访问宁波,同年二月双方正式成为友好交流城市。

须坂市——四平市(吉林省)

1992年,四平市通过须坂市行政负责人、市议会议员以及中小学生的友好访问等,双方交流进一步深化,1994年5月正式签订了友好城市协议。

伊那市——北京市通州区

双方与1991年开始交流,多次互相访问,交流深入,

1994年11月正式签订了友好城市议定书。

饭山市——深圳市福田区（广东省）

饭山市内的中学与深圳市的深圳市外国语学院之间师生多次互访，成为两市交流的开端。除学校交流，双方也希望扩大旅游、经济、文化方面的交流，2012年7月双方正式签订了友好交流备忘录。

下诹访町——开封市（河南省）

在1997年位于下诹访町的诹访湖、时之博物馆、义象堂、水运仪象台，成为双方交流的开端。2001年同町访问团防卫开封市，签订了临时友好交流议定书，次年邀请开封市政府代表团，正式签约。

泰阜村——哈尔滨市方正县（黑龙江省）

1998年泰阜村组成访华团去哈尔滨市方正县考察，之后方针县干部也多次访问泰阜村。随着交流不断加深，1997年9月，双方正式签订了友好交流备忘录。

坂城町——满城县（河北省）

1993年，针对地方企业与家族，河北大学和长野大学等进行中日共同研究，其对象之一就是坂城町。1995年至次年，河北大学日本研究所国际交流员赴日，交流进一步加深。

2000年11月双方正式签订了教育文化、工业层面的交流促进备忘录。

山之内町——北京市密云县

2000年长野县中日友好协会推荐山之内町与密云县交流，两市之间开始了互相访问。随着友好关系进一步深化，2006年在访问密云县之际，两两县町就推进友好交流正式达成一致意见。2007年4月签订了友好交流事业备忘录，次年正式签订了议定书。

十 富山县

努力拼搏,勤俭节约,极具智慧。

简　介

富山县地如其名，山很多，县南部被海拔超过2000米的立山连峰覆盖，但也正是这些山岭给当地人带来了富裕。

当地河流大多水流湍急，最终汇入日本海。得地利之便，这里的富山湾被称为"天然的鱼塘"，鰤鱼、萤火鱿、白虾、螃蟹等海产资源尤为丰富。一到春天，冰雪融化成水流入大海，因此这里经常发生洪水灾害。

富山人具有善于忍耐、好学勤劳、不怨天尤人的美德。自江户时代起，一直作为前田氏掌管的加贺藩的"殖民地"一般的存在，可能对富山人产生了一定影响，因此他们习惯了抑制张扬的言行，才能避免"树大招风"。所以人们常说，最懂得适度的人是富山人。

近年来，并不那么被人注目的富山人，却因为有着在全国首屈一指的多样性生活方式而成为热门话题。根据2013年数据统计，这里的房产持有率位居全国第一，每户的住宅总建筑面积位居日本第一，幸福指数仅次于同属北陆地区的福井县位居全国第二,而且还涌现了柴田理惠、立川志之辅等优秀的艺人。

富山县的与众不同:

①小学生使用率最高的 Japonica 笔记本,产于富山县。

②拉链行业的鼻祖 YKK 的创立人出身于富山县。

③火灾发生次数全国最少。

富山县的地理概况和气候条件

富山县北侧面向日本海（富山湾），东临新潟县（其边境线是自古以来作为交通险峻处的亲不知），东南部与北阿尔卑斯（飞驒山脉）的长野县相连，西南部与飞驒山地的岐阜县相连，西侧与有着俱利伽罗峠的宝达丘陵、与两白山地的一端石川县相连。

农田虽然有减少倾向，但是由于水田占耕地的比例达95.9%而位居全国第一。富山县的县花就是郁金香，砺波地区从明治时代即盛行栽培郁金香。

跨高冈市的伏木地区（伏木港）、富山市的富山地区（富山港）、射水市的新凑地区（富山新港）三个地区的伏木富山港，成为重要的国际商港。

富山湾已加入NGO"世界最美的港湾俱乐部"（总部位于法国的瓦讷镇），目的是发挥港湾优势，振兴旅游和资源保护，沿袭当地人的生活方式，保护传统文化和景观古迹。

鱼津、滑川、冰见等港湾，以丰富的海产和渔获量大而著称。

从鱼津到滑川一带的海岸，能够看到萤火鱿群游的海面景观和海市蜃楼。

山间部拥有被列入世界文化遗产的五箇山、以山岳崇拜信仰闻名的立山连峰以及著名的山岳观光路线——立山黑部阿尔卑斯山脉路线等。这些地方都作为旅游胜地，吸引着众多游客前来观光。

位于立山町的黑部水库大坝堤，高186米，是全日本最高的水坝，漂亮的拱形设计吸引着游客的目光。黑部大坝每年例行的"观光放水"活动也很受欢迎。

相邻的岐阜县北部的飞驒地区和太平洋一侧，被险峻的山

世界文化遗产五箇山

岭遮蔽，交通不便。

富山县属于日本海侧气候，县内全境为强降雪地带（部分地区为特强降雪地带）。受焚风效应的影响，夏季高温多湿。

冬季时山岳地区易受寒潮灾害，特别是立山连峰一带是世界范围内为数不多的暴雪地带，立山、剑岳周边有日本唯一现存的冰河。

富山县相关数据：

面积：4,247.61平方公里

人口：1,063,242人（截至2016年6月1日）

人口密度：250人/平方公里

相邻都道府县：新潟县、石川县、长野县、岐阜县

富山县人的性格特点

严酷的自然环境和暴政施压下产生的勤勉性

富山县三面临山,东有亲不知,南有飞骅,西有俱利伽罗峠。被称为富山县标志的立山连峰,高达 3,000 米,观光客可方便地享受这里的自然风光。

从立山站到扇泽站的直线距离大约是 25,000 米,最大高低差有 1,975 米,是一处因立山黑部阿尔卑斯路线而广为人知的观光胜地。在这条路线上,可以换乘多种交通工具到达目的地,如索道、缆车、无轨电车等。

每年黄金周开始之前,相信不少人看见过电视新闻报道里播放的用推土机铲除道路积雪,方便观光巴士通过的画面。

即使观光季已经开始,观光客从巴士窗外看到的景色,除了雪还是雪。积雪的高度差不多能有 8 米,积雪能够达到这种高度,无论是谁大概都会感到害怕。

常被人提起的"北陆四县",是指新潟、富山、石川、福井四个县。但是，其中新潟县由于和东京的联系更为突出而往往被忽略，其余三个县则被划到同一阵营。此外，由于福井县与岐阜县接壤，虽然称为中部地区，其实和关西的接触更多。

与之相比，富山和石川两县是更为标准的中部地区，关西腔也不像福井那么浓。总部位于名古屋的《中日新闻》也在金泽市设置了北陆总公司，仅在石川县内一地的发行量便达到约10万份。

与石川县相邻的富山县，每户（劳动者家庭）的实际月收入在47个都道府县之中居第三（2010年）。这一数据表明，与其他县民相比，富山人所具有的勤劳的特点。

夫妇都是劳动者的家庭也很多，居全国第四，劳动者户主的配偶收入（121,577日元）居日本第二。然而，平均消费倾向却是第41位（2014年数据统计），在全国排名很低。因此，有"娶妻当娶富山女"的说法也不足为奇了。低保户的比例（2011年数据统计）最低。

为什么富山人要如此勤劳？

深谙其中真谛的富山人会说，这是因为长期和发源于立山连峰的黑部河、常愿寺河、神通河、庄河等泛滥成灾的河流作斗争的缘故。江户时代便有"善治水者可治越中"的说法。

但是，治水归治水，大自然又岂能尽如人意。因此只要有空就劳作，以备不时之需。

被逼着进行这种劳作的其实始终是农民。由于富山藩在江户时代就是加贺前田氏的支藩，动不动就被压迫，老百姓就是在忍耐压迫中生存的。因为长期持续着这样的生活方式，既培养了他们坚强的意志，也让他们掌握了谨小慎微的钻营之道。这也就是富山县民性会被称为"越中强盗（贼人）"的原因。

建大房子、热衷攒钱、不买无用之物、不爱在游乐、兴趣等方面花费金钱，都是富山县民自江户时代开始持续不变的生活方式所致。

勤勉表现为"智慧"

之前也曾提及，富山雨雪特别多。年降水天数为168天（2014年数据统计），居全国第四，这意味这一年之中的一半时间都在下雨或下雪。

正因为如此，这里的人民格外喜欢太阳。再加上全县都被高大险峻的中部山系遮蔽，见到阳光的时间非常少。在这样的地方生活，人们也很容易沾染忧郁的气息。

在富山县和福井县，净土真宗信徒的比例在全国来说也是极其之高。宣扬今世的放弃是来世成佛关键的净土真宗，让"放下"这个观念不知不觉的在两县众多县民的心中扎了根。

严苛的自然环境强逼所致的阴暗面和精神世界自发生成的阴暗面相互叠加的结果，形成了富山的县民性。

即便如此，在富山人的眼中，只要给点阳光，那么被立山连峰遮蔽一年也无所谓。简单来说就是稍加激励便能够奋勇向前的特质。附近的福井县在很多方面都与富山县相似，但是这一点却让两者显得泾渭分明。

内心聚集的力量，让富山人走向了另一个方向。

《人国记》评价富山人："忧郁之内多智、多勇、多佞。""智"当然是指学习。热衷于教育的富山人建了很多图书馆，数量位居日本第一（每10万人拥有5.36个图书馆）。

向学之心旺盛，则凡事均以智慧为中心。富山人才辈出，2002年诺贝尔化学奖得主田中耕一的小学到高中时代就在富山县度过。

现在已成为世界型企业的YKK的创立者吉田忠雄，出生在富山鱼津市，20岁时只身到东京贸易公司就职却遭受了公司破产的挫折。

这时他看到了仓库里没卖出去的堆积如山的拉链，决定买下它们自行销售，事实证明他的选择没有错。他以这些拉链为本金自费筹建生产，最终将其发展为占世界拉链市场45%份额的企业。

后来，YKK进军铝合金门窗等建材行业，目前作为集团一员的YKKAP株式会社生产的铝合金门窗产品占据了日本市场份额的45%，仅次于LIXIL，名列第二。

因1945年的大空袭受到毁灭性破坏的富山，在1955年基本完成了复兴。那一年，由工商联合会和富山市提案举办了全国街头表演艺人大赛的新活动。作为由专业的街头表演艺人比拼各自绝技和创意的唯一一个全国性赛事，迅速成为人们热议的话题。这也是只有凭借富山人的智慧才能做到的。

如果以人口比数据来看主要政府机构干部的出生地，富山县位列第四。东京证券交易所上市企业的干部的出生地，富山县位列第三。辛苦劳动的人和有能力的人一般分属不同的阵营，但是只有富山人是将两者特质集于一身的。

《人国记》里评价富山人的"勇"，与其说是勇猛果敢不如说是行动力。不只是在脑中思考，还要付诸实行。因此，"勇"字用来形容读卖新闻社的"中兴之祖"——正力松太郎最为合适。

正力能言善辩，这正应了《人国记》里评价富山人的第三个字"佞（善辩）"。不受二战前后剧烈社会动荡的干扰，作为一名优秀的掌舵人，为《读卖新闻》日后成为全世界发行量最大的奠定了发展的基石。

富山人的这些特质，今后大概也不会改变。毕竟富山县的人口转入率（第41位）、转出率（第45位）都很低。缺少与外县人的交流，刺激少。只以自己居住的地方为"标准"的思考方式非常明显。

何况每幢住宅的房间数量为7.66（全国第一），因为房子大房间多，有很多三世同堂的情况（户平均人数较多，为全国第四）。

接触新鲜事物的机会少，即使偶尔接触，也会觉得不习惯，很难接受。在NHK的全国县民意识调查中，针对"在工作和生活方面愿意接受新事物吗？"这个问题，回答"是"的人的比例为第41位。

对于结识新朋友、开发兴趣爱好意兴阑珊，关于理想的生活方式，富山人认为只要能和家人、亲戚、街坊邻居、同事等特定范围的人来往就好。

由于多是三代同堂，受祖父母传给父母、父母传给孩子这种环境的影响，富山人的价值观和秉性是一脉相承的。

但是，人们发现这也和"幸福指数"居第二位的结果息息相关。因为，与房子和面积的大小相比，家人之间容易交流的环境更为重要。

北陆新干线开通后，有一种说法是拥有黑部宇奈月温泉、富山、新高冈三个停靠站的富山县却被金泽抢走了旅游客源。不过，即便如此，富山人还是不会被动摇、会继续讴歌这里"像山一样多的"物质和精神财富吧。

富山县的重要数据和知名人士

富山县在日本名列第一的几个领域

领域	数据
火腿消耗量（2013年）（每户）	3,811克
海带消耗量（2010年）（每户）	847克
卫洗丽普及率（2009年）	81.9%
大米收割量（2013年）（农业就业人口每100人）	893.84吨
虾渔获量（2013年）（渔业就业人口每人）	0.41吨
鱼店店铺数量（2014年）（每十万人口）	30家
珠算教室数量（2014年）（每十万人口）	20.84个

富山县出身的名人

政界：

井上义久（富山市）

驰浩（小矢部市）

橘庆一郎（高冈市）

野上浩太郎（富山市）

又市征治（富山市）

宫腰光宽（黑部市）

村井宗明（富山市）

山田俊男（小矢部市）

绵贯民辅（南砺市）

商界：

青井忠治（射水市），丸井创始人

浅野総一郎（冰见市），浅野财阀创始人

大谷米太郎（小矢部市），新大谷酒店创始人

角川源义（富山市），KADOKAWA 创办人

黑田善太郎（富山市），Kokuyo 创始人

清水喜助（富山市），清水建设创始人

濑木博尚（富山市），博报堂创始人

野田义治（富山市），Yellow Cab 创始人

安田善次郎（富山市），安田财阀创始人

吉田忠雄（鱼津市）YKK 创始人

文化界：

上野千鹤子（上市町），社会学家

田中耕一（富山市），化学家、诺贝尔化学奖得主

利根川进（富山市），化学家、诺贝尔生理学和医学奖得主

久世光彦（富山市），作家

坂东真理子（立山町），作家

西本英雄（黑部市），漫画家

松本泉（高冈市），漫画家

三轮士郎（富山市），漫画家

柳内大树（富山市），漫画家

山根青鬼（朝日町），漫画家

山根赤鬼（朝日町），漫画家

横尾有希子（高冈市），插画家

河森正治（南砺市），动画导演

坂田理（南砺市），动画制作人

细田守（上市町），动画导演

松原秀典（高冈市），动画制作人

原平随了（冰见市），动漫编剧

演艺界：

黑部进（黑部市），演员

柴田理惠（富山市），演员

剑幸（富山市），演员

西村雅彦（富山市），演员

野际阳子（富山市），演员

左幸子（朝日町），演员

左时枝（朝日町），演员

室井滋（滑川市），演员

立川志之辅（射水市），落语家

泷田洋二郎（高冈市），电影导演

体育界：

荒木贵裕（小矢部市）东京养乐多燕子队队员

石川步（鱼津市）千叶罗德海洋队队员

高堀和也（南砺市）东北乐天金鹰队队员

中泽雅人（富山市）东京养乐多燕子队队员

西野勇士（高冈市）千叶罗德海洋队队员

森口祐子（富山市）女子职业高尔夫球手

富山县特有的风味美食

墨鱼汁制海鲜

这是一种将墨鱼汁加入腌制墨鱼中的料理。据记载，江户时代加贺藩主曾将其献给德川将军。其做法是：将处理过的墨鱼阴干，在墨鱼的墨囊中先塞满盐，将墨囊中段取出后混入盐，再与先前的墨鱼混合。虽然是一道做法质朴的料理，却是一道很受欢迎的下酒菜。

这道料理可长时间存放。北前船的船员在腌制品中加入墨鱼汁，是一种保存食品的办法，后来这种做法在富山得到广泛推广。

芜菁寿司

芜菁寿司是一种富山人过新年时不可缺少的腌菜，被称为"芜菁和盐鲭鱼的完美结合"。

其做法是：将去皮的芜菁切成厚片，中间夹入腌制的咸鱼肉，用重石压住，腌一天一夜。将盐鲭鱼削成薄片，用醋浸泡。先在桶底铺好米曲，一边在芜菁之间夹入鲭鱼，一边按顺序重叠铺设米曲和芜菁。密封之后放置一晚，再在上面压上重石，放两晚或更长时间。腌好以后控干水分再吃，芜菁的脆爽、鲭鱼的鲜美合二为一，令人回味无穷。

鳟鱼寿司

鳟鱼寿司以车站便当的身份蜚声日本，是一种使用神通河的鳟鱼和越中大米制作的押寿司。据考证，该做法借鉴了富山藩士——吉村新八制作的鲇鱼寿司，自江户时代的享保年间（18世纪初）广泛流传。之后，第三代藩主前田利兴向八代将军吉宗进献了鳟鱼寿司，被称为美食家的吉宗对其美味赞不绝口。这件事传到各藩国之后，鳟鱼寿司作为越中名产名扬全日本。此外，用竹叶包寿司的做法，不仅能使米饭沾染竹叶的清香，还有杀菌的作用。

黑拉面

太平洋战争之后，为了给从事重建工作的劳工、食欲旺盛的年轻人补充盐分，有人在面团中加入浓浓的酱油制作成拉面，这就是"黑拉面"的前身。最开始时黑拉面是在货摊上售卖，后来发展到了各家面馆，据说这是在富山市西町的一个店铺名为"大喜"的老板的创意。

那个时代，由于大米产量不多，所以餐馆不局限于提供米饭。常常会见到顾客带着饭团来店里吃饭，然后把黑拉面当作下饭菜吃。所以也有一个关于黑拉面由来的说法是，为了提供可当下饭菜吃的拉面，所以才使用重口味的做法。

近年来，被称为"富山 BLACK"的地方拉面也很受欢迎。此外，大概在 2010 年推出了加入虾壳和提升辣味的味噌的纯手工入善棕色拉面；2012 年小矢部市推出了用白色的猪骨汤、葱、鸡蛋等食材制作的小矢部白色拉面；2013 年推出了大量使用高冈市的地方特产菠菜制作的高冈绿色拉面，等等。

中国游客不可错过的富山县景点

富山县中央植物园

位于富山市妇中町的占地面积为 25 公顷的大型植物园。这里展示了国内国外的多种植物,植物类型数量达 4900 种,是一处既可以围绕池塘散步又可以观赏植物的休闲空间,是市民们休息小憩的场所。

这里的看点之一是收藏的中国云南省植物,可参观日本国内最大的室外云南植物展区和云南植物温室。

位于中国西南部的云南省,生长着约 15,000 种植物,这一数量是日本全境植物数量的两倍,有着"植物的王国"美称。富山县中央植物园通过云南省中国科学院昆明植物研究所,于 1993 年引进了 600 种云南省当地植物。

此外,在这里还可以看到从云南省石林近郊运来的"石林石",2007 年石林被列入世界自然遗产名录。

如果 5 月份游客来这里参观,便可以看到中国的牡丹和芍药。古时这两种花卉作为药用植物栽培，后人培育出用于观赏的品种。"牡丹芍药园"里除了中国的花以外，还有日本、欧美培育的园艺品种，一共种植了120种花型。全日本只有在这里才能看到40种珍稀的中国牡丹和芍药。

松村纪念会馆

松村纪念会馆位于南砺市福光町，是为了更好地彰显一生致力于日本农业政策和乡村发展的政治家松村谦山（出身于福光町，现南砺市）的功绩而兴建。2013年绍兴市（浙江省）访问团曾来此参观。

松村先生作为一名为改善中日关系、恢复邦交正常化、促进贸易交流活动作出巨大贡献的人士而被广为人知。

会馆展示了松村先生学生时代的照片，还有他与周恩来等中国著名人物交流的场景纪录，在这里，可以了解到中日友好关系的发展进程。

与中国各省市结成友好城市的行政自治体

富山县——辽宁省

1979年5月,以中日友好协会会长为团长的中国各界代表,乘坐被称为"中日友好船"的"明华轮"访问和考察了富山县。辽宁省的代表参与了在县内各地举办的交流会和联欢会,同年7月,富山县"青年船"一行以辽宁省为中心对中国各地进行访问,进一步加深了睦邻友好关系。之后双方继续进行亲密交流。1982年以富山县知事为团长的"青年船"一行再次访问辽宁省。1984年5月双方正式签署了协议。

富山市——秦皇岛市(河北省)

1979年5月,当时的富山市市长向访问富山县的中国访日团提出与中国城市建立友好城市关系的建议。由于秦皇岛市与富山市的城市规模大致相同,且都属于拥有海港的工业城市,因此成为首选对象。同年7月,为了推进结成友好城市的工作,富山市派出名为"富山市民船"的先遣团出访，1980年5月也派考察船访问了秦皇岛、天津、北京三个城市。1981年5月，两市正式签署了结成友好城市的协议书。

谈及富山，便能想到自江户时代起被称为"越中富山之药"并为全国人民所珍视的"置药"。因此，两市开始合作后，不只局限于药材，富山市还在医学领域与秦皇岛市进行了交流，除了接收对方派遣的进修生和医疗技术友好访问团之外，也向其捐赠了医疗器械、救护车。

高冈市——锦州市（辽宁省）

高冈市的高冈第一私立高中与锦州中学自1984年建立友好学校合作关系以来，主要在教育领域进行交流活动。随后，两市频繁进行友好访问、相互交流，增进了友好关系。由于两市在自然环境、工业等领域具有不少共同点，两市最终决定建立友好城市关系，于1985年8月正式签署了相关协议。1995年，为了纪念双方结成友好关系十周年，两市互派亲善大使团进行访问，并商定今后会进一步加深交流与合作。

砺波市——盘锦市（辽宁省）

作为亚洲地区体育交流活动的一环，1987年砺波市接收了盘锦市的中学篮球运动员代表团，第二年派遣了中学篮球运动员代表团前往盘锦，这是两市交流的开端。

1989年，盘锦市的水稻育苗技术考察团访问砺波市，考察了该市的农业机构。第二年,砺波市中日友好议员团出访盘锦市,在当地受到热烈欢迎,双方交流领域进一步扩大。1990年砺波市对盘锦市进行回访,就今后的交流合作签署了相关协议。随后的1991年4月,作为在砺波市举办的第40届郁金香博览会的纪念活动之一,特意邀请盘锦市代表参加,并正式签署友好城市协议书。

南砺市——绍兴市(浙江省)、宁波市鄞州区(浙江省)

南砺市与绍兴市和宁波市鄞州区两个城市建立友好合作关系。最先与绍兴市打交道的松村谦山一直致力于中日邦交正常化,在此过程中,他与周恩来、郭沫若、廖承志等人交情深厚。

1979年,担任"中日友好船"团长访问日本的廖承志,曾经有一个私人行程,他和中国日本友好协会副会长兼秘书长孙平化一道前往松村谦山的故乡福光町(现南砺市),拜访其故居,凭吊故人,感怀遗德。

廖承志还建议将松村先生出生地福光町与周恩来总理出生地绍兴市结成姐妹城市。福光町最初是计划与廖承志的故乡——广东省惠州市建立姐妹城市合作关系,1978年町长曾托人捎去了亲笔信。但是廖承志说,"我的故乡是农村,不太适合与伟大的松村先生的故乡结对",并推荐了绍兴市。随后,就此事展开的商谈迅速推进。1983年3月绍兴市和福光町结成友好市町。

2004年11月,因町村合并福光町成为南砺市,重新出发。

原福光町与绍兴市之间建立的友好城市合作关系由新市继承，2005年4月，两市交换了继续合作的文件。

另一方面，町村合并之前的城端町（现南砺市）的企业，在1995年时便已在宁波市鄞州区设立工厂，这也成为两者之间友好交流的契机。之后，双方持续展开町长访问等交流与合作。2003年，为了加深理解、增进友谊，双方交换了建立友好交流关系的备忘录。

第二年，城端町因町村合并成为南砺市，双方并没有停止交流活动，还就继续促进交流与合作再次正式签署了协议书。

入善町——哈密市（新疆维吾尔自治区）

入善町特产"入善珍宝大西瓜"，哈密市特产"哈密瓜"，因两地特产同属瓜类让双方结缘。1994年，来自入善町的友好城市调查团访问了哈密市，与当地政府机构相互交换了交流意向书。之后双方频繁互动，于1997年6月正式建立了友好城市合作关系。

十一 石川县

热衷文化与艺术领域,缺乏商业头脑。

简　介

随着2016年3月北陆新干线的开通，石川县县都金沢顿时热闹非凡。金沢是石川县的中心城市，有白山、能登半岛等旅游资源非常丰富。

将石川县定位成旅游县，是由加贺藩主前田氏决定的。一直身为丰臣家重臣的前田氏，在德川家取下天下时颇为苦恼，因为会被怀疑"不一定什么时候就起义了"。石川人不轻易流露真情，可能也有这方面的影响吧。

因此第二代藩主加贺前田家第三代利常下决心"让加贺以文化营生"，由此各类手工业得以发展，例如陶器、漆器、友禅染、和纸、金箔、渔竿、飞毛钩等。这是因为在金沢及其周边，文化、艺术的传播广而深远。一直以来，石川县在日展（日本美术展览会）的获奖者人数均名列第一（2014年数据统计）。可以毫不夸张地说，几乎每个石川县人都与艺术相关。

这里的鱼肉类、日本糕点等食物的制作水平也很高。金沢人不仅注重品位，温柔指数在全国也是屈指可数。

石川县的与众不同：

①几乎所有旋转寿司的传送带均产自石川县。

②野生河豚的捕获量绝对领先（2014年数据统计）。

石川县的地理概况和气候条件

石川县位于本州中央部、日本海侧的北陆地方,东西约100公里,南北约200公里,南北走向成长条形,古时称"加贺"与"能登"。

南部加贺地区,西边连接日本海直线型海岸线,东边县内最高峰白山(2,702米)主峰两白山地相连。能登地区朝向日本海,在东北方向突出的就是能登半岛地区。

县人口约115万人,县厅所在地金泽市人有四成以上,约46多万人口,其次是白山市人(约113,000人)与小松市人(约108,000人)。

金泽市人口在日本海侧的新潟市差不多,名列第二,在北陆三县(富山、石川、福井)中名列前茅。

60万劳动人口中,约65%的人为第三产业,约30%的人从事第二产业。在第二产业中,制造业所占比例较高,一半以上为一般机械、电气设备等机械相关工作。

在江户时期,以加贺、能登、越中(富山县)作为领地的加贺藩,鼓励人民学习文化、艺术,因此以城下町金泽为中心,传统文化兴盛,直至今日仍在传承,如能乐加贺宝生、纺织品加贺友禅、带漆金工艺的金沢漆器、茶道所使用的大樋烧等。

金泽城和兼六园作为石川县首府金泽市的象征,为众多的石川县民众所喜爱。

轮岛市的轮岛漆、加贺地区的九谷烧等艺术性均较高。

从事第三产业的人，比例较高，因为当地有很多的旅游景点。金沢市的兼六园、金沢城公园、金沢21世纪美术馆、轮岛市的早市等，都比较有名。加贺市的山代温泉、山中温泉、片山津温泉、小松市粟津温泉、七尾市的和仓温泉等，都是闻名全国的温泉圣地。

全县属于日本海气候。西风在暖流对马海流的上空，加上因海流上空出现的水蒸气，会产生雾气，再进一步碰上两白山地，造成雨雪天气较多。这里的年降水量位于47个都道府县中的第五位（2014年）。特别是冬季一到，就会一直吹西北风，山谷部分地区有可能会强降雪，下雪后多数伴有打雷。由于降雪期和鰤鱼捕获期重叠，因此当地人称呼这种雷为"鰤鱼雷"。

石川县相关数据：

面积：4,186.09平方公里

人口：1,151,337人（截至2016年6月1日）

人口密度：275人/平方公里

相邻都道府县：富山县、福井县、岐阜县

石川县人的性格特点

与生俱来的气质品位

或者这样形容有些不妥——驱使富山人劳动的就是石川人。当然这是江户时期的话。

石川人在北陆四县中,自尊心最高。其中,县都金泽尽管以大城市所缺乏的人情味为魅力,却有不少人端着所谓的城市人的架子。

确实,人口规模只有46万的金泽市,却建有当时北陆三县的最高层建筑Prte酒店(地上30层,地下2层),日航金泽酒店、ANA皇冠假日酒店(旧全日空酒店)也都在这栋大楼里。在日本,这种情况也只有在金泽这个地方才会发生,不免让人有种错觉。或许很多石川人的内心感受是:即使都处于北陆,也不太想与富山县和福井县连在一起。

造成这种情况,其实是有一定的历史原因的。

石川县是由加贺和能登两地区组成的,金泽在江户时代是有"加贺百万石"之称的加贺藩的城下町,由前田氏所管理。能登位于日本北陆地区,面向日本海。

在整个江户时期,大藩前田氏都受到德川将军家的戒备。第一代前田利家由于支持丰臣秀吉,而获得富山、能登支藩,若将其包含在内,则石高高达120万石,属全国最高,所以对于幕府来说是不可忽视的存在。并不是因为前田家深受丰臣秀吉的信赖,而是因为他是五大老(五大老是丰臣政权末期制定的职务,就任者是丰臣政权下五个最有实力的大名)成员。

洞察到这些情况的加贺藩第一代藩主,加贺前田家第二代的利长,被人说成是"加贺假睡的狐狸",想要向将军家表示恭敬之意,就在学问、文化、艺术等方面下工夫。这是继任利长的利常担任藩主时期的战略。

加贺收集万卷书籍,江户中期的学者、政治家新井白石就很羡慕,并表示"加贺是天下的书库"。直至今天,这里图书馆的数量也较多(全国第9位,2011年数据统计)。

江户时代的日本,町人承担着宣传文化和艺术的重任。只有金泽(加贺),由武士和大名发挥着这样的作用。因此,就算是文化、艺术方面,江户和大阪等地的趣味也有所不同,友禅和漆器工艺品、镶嵌、和纸、染色等产业高度发展。

实际上拥有兼六园的金泽城中,却没有天守阁。在江户时代初期,这里一度因雷击被摧毁,又因进入和平时期无需进行重建,当然还有一方面是对幕府的顾虑。但这并不意味着天守阁的重建费用会投入到文化、艺术上,只是金泽的预算让人们如此理解。例如在全国拥有"市立艺术系大学"的地方也只有京都、金沢、秋田、长冈（新潟）四个市。

这里的大学生人数（每100万人）排名全国第三，文化水平程度相当高。订阅两份以上报纸的家庭比率排第二，可见人们的基础教育意识较强。这些是与江户时期一直以来的传统习惯分不开的。时至今日，石川县是在日本屈指可数的IT先进县。

当然，石川县对此也做了一定的努力，之前所说的日本展示会、日本传统工艺展的入选人员比例位居日本第一（2015年数据统计），美术馆、博物馆的入馆人数也较多。

但是，石川县人不太擅长销售。调查问卷中认为"金钱会加速人们堕落，是万恶之源"的人员比例，高居全国第四（来源于NHK全国县民意识调查），可以看出石川县人并不拜金。认为"工作是一件很辛苦的事情"的人员比例，排名全国第二。石川县人对文化和艺术领域非常热情，但对商业不太感冒。

大多人比较不思进取

"越中强盗""加贺乞丐"，在紧要关头不知该如何做且最后什么也没有做的人，可能就是石川人。

"本来有自己坚持的事情，但觉得对自己的立场产生不利时，就沉默了。"有这种想法的人员比例，居全国最高。归根结底，是因为石川县人缺乏决断力、执行力。

《人国记》中指出：石川县的武士，性格斯文、温和、不尖锐。对于自己的国家或县以外的东西不感兴趣，也不怎么积极学习其他国家或其他县的长处；另一方面，因为石川县人不会形成固有观念，所以极具亲和力、协调性，对于新学问、教育的接收程度较高，但是很容易厌烦、半途而废。由于性格使然，大多人都比较不思进取。

专心学问、文化，容易自我满足，容易厌倦。若没有汗流浃背的工作精神，那么就只能变成"乞丐"。

整个江户时期，加贺藩都无一人离藩。认为"无变化的、稳定的生活最开心"的人员比例位居第四，保守是石川县人的最大特点。

江户时代，石川县受到儒家一派朱子学的广泛影响，认为"男比女优秀"的人员比例在日本最高，而且甩出第二名很大的差距。

另一方面，石川县也有非常虚荣的一面，例如家具、衣服、配饰或奢侈品的销量都非常好。

金泽当地的婚礼排场绝不逊色于名古屋和和歌山的婚礼。自古时候起，石川县人就懂得将存款分别投资在当股东、投资房产、做生意等方面，通过这样的投资理念来分散风险。

石川县的重要数据和知名人士

石川县在日本名列第一的几个领域

领域	数据
外带寿司的消费量（2012年）（每户）	19,649日元
糕点消费量（2012年）（每户）	93,763日元
乐器购买金额（2011年）（每户）	4,707日元
年降雨天数（2010年）	80.6日
年打雷天数（2011年）	42.4日
西瓜生产量（2013年）	14,700吨
旗鱼捕获量（2014年）	3,292吨
大天鹅的栖息数量（2014年）	15,400只

石川县出身的名人

政界：

森喜朗（能美市）

佐佐木纪（能美市）

北村茂男（轮岛市）

冈田直树（金沢市）

山田修路（加贺市）

宫本周司（能美市）

商界：

安宅弥吉（金沢市），安宅产业创始人

野口遵（金沢市），日窒康采恩创始人

畠山一清（金沢市），荏原制作作所创始人

龟山敬司（加贺市），DMM.com 创始人

文化界：

三宅雪岭（金沢市），哲学家

铃木大拙（金沢市），佛教学者

泉镜花（金沢市），作家

德田秋声（金沢市），作家

室生犀星（金沢市），作家

杉森久英（七尾市），作家

桐野夏生（金沢市），作家

唯川惠（金沢市），作家

松尾由美（金沢市），作家

永井豪（轮岛市），漫画家

彩花 MIN（七尾市），漫画家

宫下英树（七尾市），漫画家

乃木坂太郎（七尾市），漫画家

五十岚浩一（金沢市），漫画家

泉晴纪（金沢市），漫画家

花郁悠纪子（金沢市），漫画家

波津彬子（金沢市），漫画家

森川久美（金沢市），漫画家

出口龙正（金沢市），漫画家

惠广史（金沢市），漫画家

中祥人（小松市），漫画家

山村哉（白山市），漫画家

奥村真理子（白山市），漫画家

演艺界：

井上 AZUMI（金沢市），歌手

鹿贺丈史（金沢市），演员

篠井英介（金沢市），演员

高仓美贵（金沢市），女演员

吉田日出子（金沢市），演员

体育界：

松井秀喜（能美市）纽约洋基队ＧＭ特别顾问

西川健太郎（金沢市）中日龙队队员

岛内宏明（小松市）东北乐天金鹰队队员

岩下大辉（能登町）千叶罗德海洋队队员

大松尚逸（金沢市）千叶罗德海洋队队员

釜田佳直（小松市）千叶罗德海洋队队员

角中胜也（七尾市）千叶罗德海洋队队员

谷内亮太（金沢市）东京养乐多燕子队队员

丰田阳平（小松市）鸟栖砂岩队队员

铃木大辅（金沢市）柏雷素尔队队员

川岸良兼（小松市）职业高尔夫球员

石川县特有的风味美食

治部煮

这种食物的做法是：在沿着线条切好的鸭肉和鸡肉上洒上小麦粉，加入金沢特产竹麸、香菇、芹菜等，再与酱油、砂糖、甜料酒、酒组合，添加肉汤煮一会，就做好了！

关于料理名字的由来，据说是丰臣秀吉兵粮奉行的冈部治部右卫门从朝鲜带回的食物，因期在烹煮时容易发出"吱卟吱卟"声音，而得名。

将其放在治部碗里，即可当餐，也可作为庆典美食，还可以在稍微黏糊的状态下冷藏几天再食用。在使用小麦粉之前，需要用荞麦粉制作成黏糊状。

冰室包子

江户时期，加贺藩建造冰室以储存冰，在 7 月 1 日时上供给幕府，因此这天也被称为"冰室之日"。在这天吃小麦馒头，可祈求夏季无病无灾地度过。当天，金沢的很多店铺都会卖冰室馒头。

鰍料理

"鰍"是生在淡水中的"杜父鱼"，乍一看有点像虾虎鱼。油炸活鰍是当地的特色菜，还有照烧、甘露煮、生鱼片、柳川、汤等多种烹饪方式。腌制食品鰍佃煮也是一道热门菜品。

中国游客不可错过的石川县景点

玉泉园

玉泉园位于金沢市的漫步园，采用全国仅存的六处样式多变的"玉涧流"建造而成。"玉涧"源自中国南宋画僧若芬（号玉涧）。

1694年京都发行的《古今茶道全书》刊载了三幅山水图，专家发现玉泉园与其中一幅《玉涧样山水三段泷图》非常相似。经过实际调查研究得出结论：玉泉园就是根据这幅画建造的。

玉泉园的建造时间比兼六园还早了120年，1960年被认定成石川县名胜古迹。今日园内还有金沢最古老的茶室——洒雪亭。

明治馆（室木家）

明治馆是位于七尾市明治时代建造的农家，原来是江户时期到明治时期富民和大地主室木家的房子。馆内有孙中山先生当年赠送的书籍。

明治馆是从1879年左右花费六年时间收集资料，花费五年时间建造，白墙外侧花费三年时间建造的豪宅。这里的柱子和梁构成了总轮岛大厅，贴有金箔的格天井佛教家庭礼拜堂等，集合了日式风格建筑的精华与美。

明治馆不仅可供游客参观，还可以作为茶话会的举办场地。

与中国各省市结成友好城市的行政自治体

石川县——江苏省

在中日邦交正常化四年后的1976年,副知事担任团长率领访问团访问江苏时,开始了两地交流,开始互相派遣人员、接收技术研修生等,友好关系进一步加深。1995年11月签订了友好合作协议。2003年在经济、旅游、人才等领域也签订了相关合作协议。

2010年知事担任团长率领友好交流15周年纪念访日团访问江苏省,希望签订合同在经济、旅游、环境、文化艺术、学术研究、青少年等广泛领域进行交流。

金泽市——苏州市(江苏省)

苏州市拥有拙政园、留园、狮子林等江南庭院,寒山寺等历史古迹,以及丝绸刺绣、白檀扇子等传统工艺。而金泽市有着兼六园、加贺藩历史、加贺友禅以及金箔等传统工艺。1978

年石川县中日友好协会的会长在中国停留时，访问苏州。1980年1月，为了促进两个市友好城市合作，成立苏州金泽友好城市合作促进委员会，次年为了进一步协商，金泽市派遣先遣队到苏州。同年6月，双方签订了友好城市合作协议。

七尾市——大连金州新区（辽宁省）

1984年当时的国土厅长官（石川县人）与大连市市长会谈时，提出与石川县内的城市建立友好合作关系。通过县讨论，七尾市入选，在合作委员会和议会上进行协商。次年市议会议长担任团长率领一行人访问大连市金县，针对友好合作城市事宜进行了事前协商。1986年市长担任团长率领一行人访问该县，同年4月正式签订了友好城市协议。大连市金县于1987年更名为大连市金州区。

小松市——济宁市（山东省）

在济宁市访日代表团访日时，访问了小松市，开启了相互交流。随着互相交流的加深，2007年"小松友好之翼"项目中，成功实现普通市民访华。随着友好城市趋势发展，2008年9月双方正式签订了协议。

羽咋市——通州市（江苏省）

1983年，羽咋市的代表访问江苏省南通市后，开始接收研修生等，但之后一段时间交流一度中断。1993年通州市从南通市分离出来，升级为市。1997年重新恢复交流，两市代表多次互相访问、协商，1998年交换友好城市暂定协议，2001年5月正式签约。

白山市——溧阳市（江苏省）

1993年松任市（今白山市）视察访问团为了探讨与中国城市友好合作的可能性，来到江苏省以及辽宁省等城市，其中访问的一个城市就是溧阳市。次年溧阳市友好访问团一行人访问松任市，之后溧阳市茶叶节松任市友好访问团一行通过茶文化进行了友好交流。1995年溧阳市少年书法友好访问团通过书法加强了友好交流。同年7月，松任市派遣视察团，就与溧阳市今后的交流事宜交换了意见，并进行了工作上的协商。松任市市制25周年纪念时，溧阳市市长一行来访，同年10月在友好城市合作协议上签字。2005年2月松任市与白山市合并，合作一直持续至今。

川北町——兴城市（辽宁省）

玉米、小麦、水稻、棉花、苹果、梨等农产业发达的兴城市，经石川县农业短期大学执教的教授的介绍，与一样以农业主业的川北町进行了多次交流。在1992年中日邦交正常化20周年之际，两市签订了友好城市协议。

内滩町——吴江市（江苏省）

　　由于靠近从很早时期开始就与苏州市（江苏省）合作的金沢市，内滩町也曾与江苏省交流过，由此，与苏州市相邻的吴江市，也在很早时期就与内滩町开始了友好交流。内滩町的主要产业为纺织行业，而吴江市是丝织品为主，双方有很大的共同点，因此友好城市合作进度进一步加快。1993年10月双方签订了友好交流协定。

十二 福井县

稳重保守,积极乐观,头脑精明。

简　介

现在的福井县东北部（旧越前国），江户时期德川家康次子秀康受封担任第一代松平氏藩主。将军家的亲藩一般大多数服从上级指挥。

由此养成了不乱花销，以备不时之需的风气。福井县的住宅拥有率（76.5%）排名全国第四（2013年），可以看出这里的人不喜欢冒险主义，不求多变，倾向稳定的生活方式，心性善良，成熟稳重。

但县西南地区旧若狭国南邻京都，是连接大阪的物流、交通要塞。截至2013年，福井县出社长的比例连续32年位居日本第一，这里培养出的人才具备敏锐的金钱观。

对于希望过安稳生活的人来说，福井县可能最宜居。保育所入园简单，人们平均寿命较长，医疗费用低，交通事故少，失业率低，幸福指数名列日本第一。

但从其他县移居过来的人并不多，大概是因为当地降雪天数多，日照时间短的缘故吧。"幸福指数第一"这个评价是对吃苦耐劳、勤奋工作的福井人最好的回馈。

福井县的与众不同：

① 90%以上的眼镜框架均产自福井县。

② 全国学力测试中学生排名第三、小学生排名第三（2016年数据统计）；体能测试中小学生均排名第一（2015年数据统计）。

福井县的地理概况和气候条件

福井县东北与石川县相接，东南与岐阜县相接，南靠滋贺县，西侧被京都府包围，北邻日本海与若狭湾，从地图上看版图呈钥匙形状。

以连接山中岭、木之芽岭、栃木岭的山脊为边界线，福井县分为涵盖东北部的岭北地区和涵盖东南部的岭南地区。"岭北""岭南"是通用的称呼，天气预报中也采用此说法。

福井县海域（日本海和若狭湾）周边0.1公里以内的岛有58个，均为无人岛。

这里山清水秀，自然环境优美，还被称作"越山若水"之地。

地理位置上虽划分为北陆地区或中部地区，在行政区域划分上经常被归为近畿地方。

岭北地区为北陆方言，岭南地区为近畿方言，因地理位置不同方言存在较大不同。福井县人口（大约78.3万人）中，有三分之一以上是县厅所在地的福井市民。

整个福井县都是日本海气候，属于强降雪地带，部分地区是大规模强降雪地带，如大野市、胜山市、池田町、南越前町的旧今庄町一带可见到全国罕见的积雪，年降水量较多时超过了3000毫米。

县都福井市等地由于位于内陆地区，即使属于北陆地区，但强降雪量却比沿岸的新泻市、金泽市（石川县）等还多，甚至还有1963年1月31日213厘米的历史纪录。

近年来受暖冬影响，降雪量有减少的倾向，但2011年1月31日还是创造了119厘米的积雪纪录。

日本海岸部受到对马暖流的影响，冬季相对温暖，与降雪相比，降雨天数较多，于是很早以前就有一种"就算忘记带便当也不能忘记带伞"的说法。

福井县相关数据：

面积：4,190.49平方公里

人口：783,317人（截至2016年6月1日）

人口密度：187人/平方公里

相邻都道府县：石川县、岐阜县、滋贺县、京都府

福井县人的性格特点

对"幸福指数第一"没兴趣

在国立教育政策研究所实施的全国 3300 人小学六年级学生"都道府县位置的认知度"调查中,福井县排名最后一位,在"不知道位于何处的都道府县排名"(2011 年日本 NTT 官网排名)中,福井县位居全国第二。虽然是个小调查,但媒体话题感十足。

同年秋季,在法政大学研究生院实施的"各都道府县幸福指数排名"中福井县获得选第一时,电视新闻报纸对福井县进行了广泛的报道。

除了经济能力以及生产能力,也将实际总劳动时间、住宅持有率、平均寿命等 40 个指标作为"幸福指数"评分项,福井县的综合得分位列第一。

县知事听闻后非常喜悦,但县民却觉得这是理所应当的事情。实际上在"很满足现在的生活"这项调查中近九成的人选择"满足",由此可见他们是真的觉得生活幸福。回答"虽然历经种种,但是现在的社会是很好的社会"的人位居第四。

但相同调查中针对"您喜欢现在住的地方吗"这一问题,回答"喜欢"的比例在47个都道府县中位列第42位。看来就算幸福,也不一定宜居。

那么县外的人们是怎么认为的?

福井的冬季常下大雪,阴天较多,有人会担心心理上会不会受到影响。

从大阪或名古屋乘坐JR至北陆方向进入福井县后,你会发现天气逐渐阴沉下来。环顾四周景色,什么也没有,有点孤寂,特别是冬天,越走越感觉灰暗。

因自杀而闻名的地方——东寻坊,就位于福井县。若在寒冬四处吹雪之日来到这里,难免会觉得心情低落。

为什么会这么这样呢?

第一个原因就是晴天少,当地年日照时间排名第34位(2014年数据统计)。

还有一个原因就是福井县是净土真宗之国。

将"南无妙法莲花经"与"南无阿弥陀佛"作对比时,前者越唱情绪越高涨,后者却相反,情绪越来越深沉。

日常中经常唱"南无阿弥陀佛"的人最多的就是福井县人。净土真宗的信徒人数中四成以上都是富山县与福井县人。

而且净土真宗复兴之祖莲如传教之地就位于福井县的吉崎御坊。大圣寺河口与北泻湖是流入日本海的水路汇流地(今芦原市）。

莲如有一段时间停留在这里，一边鼓励周边及邻国信徒，一边扩大传教范围。在这个过程中，由于莲如与武将缔结了良好的感情，因此也开始涉足政治。这成为真宗门徒在相邻的加贺、越长治理国家的基石。最后虽然完全被战国武将镇压，但净土真宗这样的教势扩大的原点就是福井县北部越前。

可能还有吉崎御坊的原因吧，福井县虔诚的信徒比富山县多。如今日本人如果被问到"您信仰哪个宗教"，可能立即当场回答的人少之又少，但在福井县几乎所有人都能回答这个问题。战后不久，每个家庭成员每天早上都要诵经，与生活的紧密性远超想象。

净土真宗的思想特征之一就是看透事物本质。受这一观念影响，很多人不执着于现世，极力避免与人相争。

当然保守现实派的生活方式也颇为引起瞩目。回答"在日本居住的外国人也应该与日本人一样享有相同的权利保障"的人，比例在全国47个都道府县中排名最后。另一方面回答"天皇应该是值得尊敬的存在"的比例排名全国第一。

福井人头脑精明，适合做生意

说起北陆三个县的县民性格，经过会听到"越中是强盗""加贺是乞丐""越前是骗子"之类的说法。

福井人信息敏感度强，头脑精明，适合做生意，因此这里

东寻坊

传统的纤维产业比较发达。明治时期将羽二重（纯白纺绸）出口到欧美，第一次世界大战后转做人造丝，出口到亚洲及大洋洲，从 60 年代后半期开始转做合成纤维，生产符合当时社会形势的产品，销路进一步扩大。

在时尚领域，福井人对新趋势反应较为灵敏，但能够做到经久不衰，则是因为一直与时俱进，迎合时代的发展潮流。

可能因为这些原因，福井成为出社长比例较高的地域。

像大型网络广告代理商藤田晋、日常杂货店铺 Francfranc 的高岛郁夫，福井县出现很多全国有名的公司创始人。

自 1982 年以来，每 10 万人中的社长人数（资本金 100 万日元以上）连续 32 年蝉联榜首，从中可见福井人不希望屈居人下。然而，福井县内的企业却很难壮大起来。

某些时候他们缺乏协调性，不擅长纵观大局，行动谨慎甚至他们缺乏管理哲学。因为他们始终以利益优先，认为只要自己可以赚到钱就可以。从企业综合实力来看，福井县还比不过不擅长销售的石川县。

但是福井人爱存钱，每个家庭的存款金额数排名全国第七。他们总是给人一种埋头苦干努力存钱的踏实感觉。这一点与富山人有些相似。

这里不愧是净土真宗的地方，在佛龛上的花费一点不吝啬。婚丧嫁娶的场合也非常气派。从这几方面看来，可能多少让人感觉福井人有一些虚荣。

若狭人，乐观主义者

福井县东部的旧若狭国，与京都相邻。翻译荷兰解剖学书籍《解剖学图谱》，著成《解剖学新书》的杉田玄白，就是小浜藩的藩医。

在江户时代前期，面向若狭湾的区域是从东北地区运输朝贡米的中转地，而且在江户时代中后期还是北前船的停泊港，颇为繁华。

若狭湾及其沿岸，在很久以前就有青花鱼、小比目鱼、方头鱼等渔场。虽然是波涛汹涌的日本海，但湾内较为平静，又有渔业发展经济，因此这里的人们的脾性较为温和。生活在大海附近的人们，很容易接受外来事物，包容性较强，性格较为豁达。

自平安时期以来，京都便是日本的宗教界中心，现今仍留有日本传统文化、风俗和习惯。与京都相邻的福井县人民能够拥有这样的脾性，也就不足为奇了。

京都比较正统、矜持，这可能是因为身在天子近旁，不能做有失体面的事。与之相比，有着一步之遥的福井人则表现得较轻松一些，因为福井人不必有太多顾忌，可以追求自己想要的东西。

"人们都只是考虑自己的事情。前一秒和睦融融，下一秒互相讨厌、互相指责。下级欺瞒上级，逃避责任，归责于他人。一番唇枪舌剑，只不过是下下策，一时顺利，结局却以失败告终。"（《新人国记》）

福井县的重要数据和知名人士

福井县在日本名列第一的几个领域

领域	数据
干洗店数量（2014年）（每10万人口）	55.95家
煎肉饼消费量（2010年）（每户）	3,075日元
公司数量（2014年）（每1万人）	388.22家
小学生报纸订阅率（2015年）	60.6%
中学生报纸订阅率（2015年）	51.8%
日本酒造酒厂数量（2013年）（每10万人）	5.16家

福井县出身的名人

政界：

稻田朋美（越前市）

商界：

熊谷太三郎（福井市），熊谷组创始人

饭田新七（敦贺市），高岛屋创始人

内藤丰次（越前町），Eisai 创始人

藤田晋（鲭江市），Cyber Agent 创办人

文化界：

竹内均（大野市），地球物理学家

中野重治（坂井市），作家

高见顺（坂井市），作家

藤田宜永（福井市），作家

津村节子（福井市），作家

池上辽一（越前市），漫画家

石黑正数（福井市），漫画家

笔吉纯一郎（坂井市），漫画家

吉田喜重（福井市），电影导演

河崎义祐（福井市），电影导演

伊藤俊也（福井市），电影导演

奥村正彦（胜山市），电影导演

森川阳一郎（福井市），电影导演

小野寺昭宪（福井市），电影导演

演艺界：

高井麻巳子（小浜市），原小猫俱乐部

宇野重吉（福井市），演员

大和田伸也（敦贺市），演员

大和田獏（敦贺市），演员

津田宽治（福井市），演员

清水國明（大野市），演员

伊丹幸雄（福井市），演员

川本真琴（福井市），音乐家

体育界：

牧田明久（越前市），东北乐天金鹰队队员

高桥聪文（高浜町），阪神虎队队员

天谷宗一郎（鲭江市），广岛东洋鲤鱼队队员

中村悠平（大野市），东京养乐多燕子队队员

山田修义（福井市），欧力士野牛队队员

吉田正尚（福井市），欧力士野牛队队员

森本将太（福井市），欧力士野牛队队员

平沼翔太（坂井市），北海道日本火腿斗士队队员

玉村祐典（鲭江市），埼玉西武狮队队员

福井县特有的风味美食

越前螃蟹

福井县的雄性雪花蟹被称为"越前螃蟹"（雌性蟹被称为少女螃蟹）。每年11月6日渔业解禁，用螃蟹制作的食物便是福井冬季的美食榜首。

越前外海的海底地形像梯田一样，适合螃蟹栖息。这是越前螃蟹超级美味的原因之一。

烤螃蟹、螃蟹火锅、螃蟹小火锅、生鱼片、味噌汁及螃蟹饭等美食，丰富多样。即使是简单煮食，口感也是新鲜至极。

精进料理

位于福井县北部的永平寺町，是由道元开山的曹洞宗的大本山永平寺的门前町。

道元在其著作《典座教训》中指出"五法、五味、五色"。五法即生、煮、烤、炸、蒸五大烹饪方法；五味是指酸、甜、苦、辣、咸（盐带辣味）；五色是指青、红、黄、白、黑。将这些组合，搭配成营养均衡的膳食，不仅是精进料理（一种斋饭，不使用鱼贝类和肉类，只是用豆制品、蔬菜和海苔等植物性食品做成的菜肴。——编译注），也是做菜的基本。

永平寺的精进料理，非入寺修行之人是吃不到的，但是门前町有一家餐厅推出了相似菜品，欢迎你有机会去品尝。

越前荞麦面

岭北地区的荞麦面，一般是加入萝卜末和调味汁食用，做法相对简单。加入海带汁食用的加汁面以及加入萝卜末食用的调味荞麦面，是日本荞麦面最典型的吃法。福井县内有荞麦面道场，可体验日本荞麦面的打制，游客经常前往参观。

中国游客不可错过的福井县景点

藤野严九郎纪念馆

该馆展现了鲁迅著作的《藤野先生》中所述的,鲁迅在仙台医学专门学校(今东北大学医学系)留学时与其敬爱的藤野严九郎教授相处的部分情节。藤野先生给予怀有学医志向却望而却步的鲁迅以勇气和力量。藤野先生的故居已迁至他的出生地芦原市,现在这里只作为纪念馆对外公开。绍兴市(浙江省)鲁迅纪念馆中也有藤野严九郎的胸像。

鲭江市西山动物园

该园是1985年为纪念位于岭北地方中央部的鲭江市市制30周年而建造的动物园。动物园内饲养了白交长臂猿、玻利维亚松鼠猴、印度孔雀、丹顶鹤、褐马鸡、短腿鸡等多种动物,最受欢迎的是北京动物园友好赠送的小熊猫。1986年以后,经过不断繁殖,现在园内已经有多只熊猫。

宝庆寺

宝庆寺是宋朝高僧寂元禅师于1261年开山创建的古刹，是继大本山永平寺之后，曹洞宗的第二道场。距大野市12公里左右，海拔50米，位于清泷川上游。传说寂円在天童如净的引荐下，与留学的道元相遇，后因仰慕返回日本的道元，而来到日本。

与中国各省市结成友好城市的行政自治体

福井县——浙江省

　　福江县与浙江省的接点可追溯到 900 年前。县内名刹永平寺创始人道元修行的地方就是浙江省宁波市天童山景德寺。进入明治时期，浙江省绍兴市出生的鲁迅留学日本，师从藤野严九郎。1987 年福井县与浙江省政府就友好交流展开谈话，于 1990 年达成友好合作协议协定。之后相互之间积极交流，成果丰硕，1993 年中国政府正式审批通过。同年 10 月，签订了友好合作协议。

福井市——杭州市（浙江省）

　　1975 年中日友好福井县青年之翼访问杭州市，1985 年福井市中日友好协会访华团访问杭州市。自福井县中日友好协会代表团访问杭州以来，福井市的电视局、政府职员、市民多次访问杭州。此外浙江省杭州市的民歌舞蹈团、友好考察团、人民政府代表团也访问福井市，双方开展了积极广泛的交流。1989年4月福井市接收杭州市的留学生，还邀请杭州市人民政府代表团参加市制100周年纪念仪式。通过这样的交流，市民之间确立了良好的友谊，同年11月签订了议定书。

敦贺市——台州市（浙江省）

1996年福井县知事与敦贺市市长出席了在杭州市郊外建成的福井-浙江友好会馆"水仙樱"建成纪念仪式，台州市市长也一并出席。敦贺、台州两个城市均是拥有国际贸易港口的港湾城市，最初以供电城市这个相似点开始交流，最后拓展至各行各业。1997年7月，双方在签订了协会议定书后，友好交流进一步加深，2001年1月签订了友好城市协议书。

小浜市——西安市（陕西省）、平湖市（浙江省）

小浜市与西安市彼此互相尊重，开展相互访问，加深交流，2004年9月签订了友好交流合作议定书。而小浜市与平湖市的交流则是将饮食文化作为共同切入点。小浜市自古以来就有多次向皇室、朝廷进献水产物等食材(谷物以外的副食品)的"御食国"；平湖市也有向皇帝进献"清酒鸡蛋酒糟"的历史。

日本电产芝浦是以小浜市为基地的企业，承担了平湖市的经济发展重任，该公司的创始人永森重信被推选为平湖市的名誉市民。在这个大背景下，2005年两市开展友好交流对话。次年4月，为了促进饮食文化和产业发展，签订了友好交流合作相关协议。

芦原市——绍兴市（浙江省）

芦原市是 2004 年 4 月芦原町与金津町合并成立的市。1981 年在北京召开的鲁迅生辰一百周年纪念仪式上，当时的芦原町町长作为团长率领代表团出席了本次活动。期间该代表团一行还访问了鲁迅的故乡绍兴市。次年双方协商友好城市合作事宜，1983 年 5 月签订了友好城市协议。

坂井市——嘉兴市（浙江省）

1989 年为实现 21 世纪的城市建设、人文建设，春江町（今坂井市）与嘉兴市开始互相派遣中学生进行交流。丝织品的繁盛也为双方交流带来契机。1992 年通过体育活动加强友好交流，两地居民也参与其中。2006 年 3 月春江町与三国町、丸冈町、坂井町合并为坂井市，双方延续友好城市合作关系。2013 年 10 月签订友好城市协定。

永平寺町——张家港市（江苏省）

1990 年松冈町（今永平寺町）的青年团员与 OB 组成"青年访华团"访问张家港市，以此为契机与张家港市青年联合会开始友好交流。经过双方互相访问、人才交流，1993 年成立永平寺町中日友好协会，积极开展交流活动。自 1995 年开始，准备签订友好城市协议，1997 年 8 月正式签约。2006 年松刚町与永平寺町合并，与张家港市继续保持友好城市合作关系。